主编 / 李猛

海事管理概论 （第二版）

HAISHI
GUANLI GAILUN

大连海事大学出版社
DALIAN MARITIME UNIVERSITY PRESS

U0650822

图书在版编目(CIP)数据

海事管理概论／李猛主编. —2 版. — 大连：大
连海事大学出版社，2023.12
ISBN 978-7-5632-4504-8

Ⅰ.①海… Ⅱ.①李… Ⅲ.①海上运输—交通运输管
理—概论 Ⅳ.①F550.72

中国国家版本馆 CIP 数据核字(2023)第 252937 号

大连海事大学出版社出版

地址：大连市黄浦路523号 邮编：116026 电话：0411-84729665(营销部) 84729480(总编室)
http://press.dlmu.edu.cn E-mail:dmupress@dlmu.edu.cn

大连金华光彩色印刷有限公司印装 大连海事大学出版社发行

2018 年 12 月第 1 版 2023 年 12 月第 2 版 2023 年 12 月第 1 次印刷
幅面尺寸：184 mm×260 mm 印张：8
字数：189 千 印数：1~1000 册
出版人：刘明凯

责任编辑：宋彩霞 责任校对：杨玮璐
封面设计：解瑶瑶 版式设计：解瑶瑶

ISBN 978-7-5632-4504-8 定价：20.00 元

第二版前言

党的二十大报告明确提出了加快建设交通强国，而完善的海事管理体系是实现交通强国战略的基础。海事管理是海事主管机关履行水上安全监督管理、船舶防污染和危险品运输管理、船舶和港口设施保安管理、海上搜救与海事调查等职能的统称。编者在本书第一版的基础上，结合近年来国际、国内海事管理领域的发展变化，完成了第二版的编写，以为普及海事知识尽微薄之力。

本书以介绍海事领域基本概念、基础理论、国际公约、国内法规和实务为主要目的，可作为交通运输、海洋科学以及海事相关专业的本科教材，亦可作为航海类专业的教学与培训参考书。

在本书的编写过程中，编者广泛征求了相关专业教师，海事管理机构、航运业内人士的意见，以保证书中内容的专业性、系统性和实用性。在此，对在本书的编写过程中提出宝贵意见的老师们致以诚挚的感谢。

本书由李猛担任主编，负责全书的统稿、定稿，并编写了第一、二、三、四、五、六、七、八、九、十、十四、十五章，第十一章由江龙晖编写，第十二章由董传明编写，第十三章由张连丰编写。全书由付玉慧教授主审。

限于编者水平，书中难免有疏漏与不当之处，恳请专家和读者批评指正。

编　者
2023 年 10 月

第一版前言

海事管理是海事主管机关履行水上安全监督管理、船舶防污染和危险品运输管理、船舶和港口设施保安管理、海上搜救与海事调查等职能的统称。随着国家"一带一路"倡议和建设海洋强国战略的实施，公众对于海事文化和知识的关注与日俱增。编者以多年来从事海事管理专业教学和科研工作所积累的课件、参考文献、数据等为基础，总结了前人的经验和个人心得，完成了本书的编写，以为普及海事科学知识尽微薄之力。

本书以介绍海事领域基本概念、基础理论、国际公约、国内法规和实务为主要目的，可作为交通运输、海洋科学以及海事相关专业的本科教材，亦可作为航海类专业的教学与培训参考书。

在本书的编写过程中，编者广泛征求了相关专业教师，海事管理机构、航运业内人士的意见，以保证内容的专业性、系统性和实用性。在此，对在本书的编写过程中提出宝贵意见的老师们致以诚挚的感谢。

本书由李猛担任主编，负责全书的统稿、定稿，并编写了第一、二、三、四、五、六、七、八、九、十、十四、十五章，第十一章由江龙晖编写，第十二章由张晓辉编写，第十三章由张连丰编写。全书由付玉慧教授主审。

限于编者水平，书中难免有疏漏与不当之处，恳请专家和读者批评指正。

编　者
2018 年 9 月于大连海事大学

目　录

第一章 绪 论

一、海事的概念

海事的概念有广义和狭义之分。广义的海事泛指一切与海上（水上）运输、作业有关的事情。从这个概念出发，造船、航海、轮机、船员管理、海上货物运输等都属于海事的范畴。狭义的海事是海上事故或事件的简称。根据国际海事组织（International Maritime Organization，IMO）制定的《海上事故或事件安全调查国际标准及推荐做法规则》中的规定，海上事故系指与船舶营运直接相关，并导致以下任何一种或一系列后果的情况：(1)人员死亡或重伤；(2)船上人员失踪；(3)船舶全损、推定全损或弃船；(4)船舶实质性损害；(5)船舶触礁、搁浅或丧失航行能力，或船舶碰撞；(6)船舶外部的基础构造实质性受损，导致有可能危及本船、他船或人员的安全；(7)船舶受损造成严重环境污染或潜在的严重环境污染，不包括意在对船舶、人员的安全或环境造成损害的故意或放任行为。海上事件系指除海上事故外，与船舶营运直接有关的或者处置不当将会危及船舶、船上人员或任何其他人员或者环境安全的一种或一系列情况，不包括意在对船舶、人员的安全或环境造成损害的故意或放任行为。在 2001 年"9·11"事件后，海上保安也成为国际海事组织及各国海事主管部门的一项研究课题与工作内容，因此，现在狭义海事的范畴有所扩大，包括了海上（水上）事故与事件和海上保安事件。

二、海事管理的概念

海事管理的概念也有广义和狭义之分。广义的海事管理是指针对海事的一切管理行为的总称，主要包括与海事相关的主管部门、行业协会及企事业单位等的行政管理、行业规范、技术和商务管理等。狭义的海事管理是指海事主管部门为防止海上事故或事件（包括海上保安事件）的发生，或为了减轻海上事故或事件造成的后果而进行的各种管理行为的总称。在实践中，如无特别说明，海事管理通常指的是狭义的海事管理。

海事管理的概念可以从以下三个方面理解：

从管理的内容来看，海事管理是研究和探索海上事故的特点和规律，调查和发现导致海上事故的原因或影响因素,分析和总结海上事故的经验教训,通过制定标准、规范、规则、公约并监督其实施,从而达到促进海事安全、防止船舶污染海洋和确保航行安全的行为。

从管理的性质来看,海事管理是一国政府的行政行为。一方面,所有的国际海事公约都要求缔约方政府承担实施公约各项规定的义务,虽然各个国家和地区海事主管机关的名称、规模、性质各不相同,但在履行国际海事公约方面,都是代表各缔约方的政府,所以,海事管理行为属于政府的行政行为。另一方面,海事主管机关实施海事管理的措施主要是行政许可、行政监督与行政处罚,如果海事监管对象的行为触犯了法律,则交由司法部门处理,这与政府的其他行政监管职能的性质是一样的。

从管理的过程来看,海事管理是一个"公约—实践—公约"的循环上升的过程,即从履行国际公约的义务出发,将国际公约的要求转变成国内法规的要求,通过颁布必要的法律、法令、命令和规则,并采取一切必要的措施使其得以充分和完全地实施。在实施中,当发现公约存在不符合实际的情况,或有新的技术、规范、标准可以替代原有规定的情况时,各缔约方可以通过提交修正案等方式修改公约,从而不断地提高海事管理水平。

三、海事管理的内容

由海事管理的目标可知,海事管理的内容也可以分成三个部分,即海事安全管理、防止船舶污染海洋和海上保安。

(一)海事安全管理

根据海上交通工程学的理论,导致海事的因素主要为人、船(机)、环境,这三个因素既相互独立,又相互联系;控制好这三个因素,可以降低海事发生的概率。因此,海事安全管理的内容可根据这三个因素分成三个方面:人为因素管理、船舶管理和通航环境管理。

国际海事组织的一项研究表明,在20世纪80年代中期到90年代中期,超过80%的海上事故与人为因素有关,而船员因素是人为因素中的主要部分。因此,船员管理是海事管理的重点内容之一。目前,我国海事管理中船员管理部分主要有船员培训,船员考试、评估、发证,船员档案管理等。

人为因素中与海事密切相关的除了船员外,还包括港口部门的工作人员,如引航员;船公司的工作人员,如安全管理体系中的指定人员(Designated Person,DP)等;海事部门的工作人员,如现场监督人员、安全检查官、海事调查官等。

船舶因素曾是导致海事的主要因素。在船舶工业不发达的时代,船舶设计、材料、构造等问题引发了许多海难,因此,长期以来,各国海事部门将船舶管理列为最重要的工作内容。随着船舶工业的发展,虽然因船舶技术因素而导致的海事数量呈下降趋势,但船舶检验、船舶登记、船舶安全检查等船舶管理环节对海事安全仍然产生着重要影响,仍然是各国海事管理部门的核心业务。我国海事管理中船舶管理的主要内容有:船舶检验、船舶登记、船舶进出口岸检查、船舶安全监督、老旧运输船舶管理和拆船管理等。

通航环境是指特定水域内影响船舶交通安全的自然条件和社会条件。自然条件是指某通航水域内自然形成的影响船舶航行的条件,包括水域内的水深、水流、潮汐、波浪、冰冻等水文条件;能见度、风、温度、湿度等气象条件;河流的宽度、弯曲度、底质、是否有浅滩、礁石或类似的碍航物等航道条件。社会条件是指在通航水域内为保障航行安全和提高通航效率而人为构造的设施和管理制度等。社会条件既包括硬件设施,如航标、防波堤、码头、泊位、船闸,也包括软环境,如船舶报告制、船舶定线、交通服务、通航秩序、限速规定等。

从人、船(机)、环境三方面因素加以管理,遵循"事前预防"的原则可有效降低事故发生率,但事故是无法消除的,在事故发生后,海事部门还承担着"事后处理"的职责,主要包括海上搜救和海事调查。

(二)防止船舶污染海洋

各国海事管理机构在防止船舶污染海洋方面的具体内容包括:履行国际海事组织或其他国际组织制定的关于防污染方面的国际公约、规则,以及本国的法规;对辖区内防止船舶污染水域和危险货物监督管理工作实施宏观管理和监督检查;通航水域、港口、国际航行船舶的溢油应急计划及其他有关防止水域污染的应急计划的审批、监督和实施;污染事故的应急反应与调查处理等。

(三)海上保安

海事管理机构在海上保安方面的职责包括:履行国际海事组织或其他国际组织制定的关于海上保安方面的国际公约、规则,以及本国的法规;规定保安等级并对外发布;承担国际船舶和港口设施保安规则中经认可的保安组织的职责,或授权某个机构、组织承担相应的职责;培训船舶和港口设施保安员;实施、监督或审批船舶和港口设施保安计划;进行船舶和港口设施保安证书的核发与审验;组织实施海上保安演习等。

以上是海事管理的主要内容,虽然各国海事管理机构的名称、性质、规模、职责范围等有所不同,但由于目前世界绝大多数国家(175个国家)都是国际海事组织的成员国,其海事管理内容大体相同,都是围绕着国际海事组织在海事安全、防止船舶污染和海上保安方面制定的国际公约和规则来展开工作的。

四、海事管理的特点

(一)法律性

海事管理的法律性,首先体现在履行海事管理职责的各种机构或组织都是依法成立或经法律授权的,例如我国的海事管理主管机构——交通运输部海事局(以下简称"部海事局"),是经过《中华人民共和国海上交通安全法》(以下简称《海上交通安全法》)的授权履行职责。其次,执行船舶检验的组织——船级社或船检局,是经过部海事局或相关的法律、部门规章等的授权履行职责;海事管理的法律性还体现在海事管理中的各种执法行为,主要包括行政许可、行政监督、行政处罚等都是在行政法和各种行业法规的框架内实施的,都遵从明确的法律依据和法定程序。

(二)技术性

海事管理的一些具体工作,如船舶检验、船舶安全检查、船舶防污染管理、海事调查等除了要有相应的法律依据外,执法人员还要具备一定的专业技术知识和技能,积累了一定的经验才能胜任。

(三)国际性

海事管理最显著的特点是国际性,海运的国际性决定了海事管理的国际性。海事管理的国际性,首先体现在各国海事管理主管机构的管理依据都是国际海事组织或其他国际组织缔结的国际公约和规则;其次,开放登记制度的存在使得海事管理国际性的特点更加突出,船舶悬挂非本国国旗航行于不同国家的港口之间,要接受船旗国、沿岸国和港口国的监督,使得船舶检验,船舶安全检查,海事调查,国际安全管理规则、国际船舶和港口设施保安规则的符合性审验等海事管理行为都具有国际性的特点。

第二章　海事管理机构和组织

第一节　我国海事管理机构

一、我国海事管理机构的设置

我国主管水路运输的部门是交通运输部,交通运输部直属的海事机构,以及各省、自治区、直辖市人民政府设置的海事管理机构(部门)是具体负责海事管理的主管机构。

我国海事系统按照"一水一监、一港一监,中央为主、地方补充"的原则设置管理机构,凡有水运和港口生产即有监督管理,国家海事机构监管主要沿海和长江、黑龙江等水系,国家海事机构管辖之外的区域由地方政府设置地方海事机构补充。国家海事机构实施垂直管理,共设置 20 个直属海事局,分别为上海、天津、辽宁、河北、山东、江苏、浙江、福建、广东、广西、海南、长江、黑龙江、深圳、营口、烟台、连云港、厦门、汕头、湛江海事局;地方海事机构由地方人民政府设置,除广东、广西、海南、黑龙江 4 省(自治区)的水域均由直属海事局管理外,其他 27 个省、自治区、直辖市以及新疆生产建设兵团均设置了地方海事管理机构;部海事局对全国海事系统实行业务领导。

二、国家直属海事机构

(一)交通运输部海事局

交通运输部海事局是在原中华人民共和国港务监督局和原中华人民共和国船舶检验局的基础上合并组建而成的,是交通运输部的直属机构。根据法律、法规的授权,部海事局负责行使国家水上安全监督和防止船舶污染、船舶及海上设施检验、航海保障管理和行政执法,并履行交通运输部安全生产等管理职能。

部海事局的具体职责为:(1)拟定和组织实施国家水上安全监督管理和防止船舶污染、船舶及海上设施检验、航海保障以及交通行业安全生产的方针、政策、法规和技术规范、标准。（2）统一管理水上安全和防止船舶污染。监督管理船舶所有人安全生产条件和水运企业安全管理体系；调查、处理水上交通事故、船舶污染事故及水上交通违法案件；统一管理交通行业安全生产工作。（3）负责船舶、海上设施检验行业管理以及船舶适航和船舶技术管理；管理船舶及海上设施法定检验、发证工作；审定船舶检验机构和验船师资质，审批外国验船组织在华设立代表机构并进行监督管理；负责中国籍船舶登记、发证、检查和实施进出港（境）签证报告制度；负责外国籍船舶入出境及在我国港口、水域的监督管理；负责船舶载运危险货物及其他货物的安全监督。（4）负责船员、引航员适任资格培训、考试、发证管理；审核和监督管理船员、引航员培训机构资质及其质量体系；负责海员证件管理工作。（5）管理通航秩序、通航环境。负责禁航区、航道（路）、交通管制区、港外锚地和安全作业区等水域的划定；负责禁航区、航道（路）、交通管制区、锚地和安全作业区等水域的监督管理，维护水上交通秩序；核定船舶靠泊安全条件；核准与通航安全有关的岸线使用和水上水下施工、作业；管理沉船沉物打捞和碍航物清除；管理和发布全国航行警（通）告，办理国际航行警告系统中国家协调人的工作；审批外国籍船舶临时进入我国非开放水域；负责港口对外开放有关审批工作以及中国便利运输委员会日常工作。（6）航海保障工作。管理沿海航标、无线电导航和水上安全通信；管理海区港口航道测绘并组织编印相关航海图书资料；统一管理交通行业测绘工作；组织、协调和指导水上搜寻救助并负责中国海上搜救中心的日常工作。（7）组织实施国际海事条约；履行"船旗国"及"港口国"监督管理义务，依法维护国家主权；负责有关海事业务国际组织事务和有关国际合作、交流事宜。（8）组织编制全国海事系统中长期发展规划和有关计划；管理所属单位基本建设、财务、教育、科技、人事、劳动工资、精神文明建设工作；负责船舶港务费、船舶吨税有关管理工作；负责全国海事系统统计和行风建设工作。

（二）直属海事局

直属海事局作为部海事局派驻省、自治区、直辖市的海事主管机构，对外统称为"中华人民共和国×××海事局"，以山东省为例，中华人民共和国山东海事局是交通运输部派驻山东省，负责该水域水上交通安全监督管理的主管机关，代表国家履行该地区的水上交通安全监督管理、防止船舶污染、船舶及海上设施检验和航海保障等行政执法职能。

三、地方海事机构

地方海事管理机构通常由省级人民政府设置在省政府交通运输厅（局），对外统称为"省（地区）地方海事局"，受地方政府和部海事局双重领导，即行政上由地方政府管辖，业务上由部海事局指导。

仍以山东省为例，在山东省除了有直属于交通运输部的中华人民共和国山东海事局，还有山东省人民政府设置的山东省地方海事局，隶属山东省交通运输厅（挂"船检处"牌子），其职责为：承担省管内河通航水域的水上交通安全监管责任；负责省管内河通航水域交通管制、危险品运输监管；组织省管内河通航水域救助打捞工作；负责船舶检验和监督管理；负责船舶（不含渔业船舶）以及相关水上设施登记、防治污染工作；负责船员管理工作。

第二节　国际海事组织

一、成立国际海事组织的背景

海运业是最危险的行业之一,而公认的促进海运安全的最好办法,就是制定国际公约或规则来由海运各方遵照执行。自19世纪中期以来,西方的一些国家签署了一些关于海上安全方面的公约,有些国家建议应该成立一个永久性的国际组织来更有效地改善海上安全状况,这个愿望直到联合国成立后才得以实现。

1948年2月9日,联合国在日内瓦召开海事大会。该会议于3月6日通过了成立"政府间海事协商组织"(Inter-Governmental Maritime Consultative Organization, IMCO)的公约,即《政府间海事协商组织公约》。该公约于1958年3月17日生效。1959年1月6日,第一届大会的召开,标志着该组织正式成立。1982年5月22日,政府间海事协商组织更名为国际海事组织。

自从1959年成立以来,国际海事组织已成为世界上最有影响力的国际组织之一。截至2023年,国际海事组织已经有175个成员国和3个联系会员,几乎所有拥有船队的国家和所有拥有海岸线的国家都加入了国际海事组织。

二、国际海事组织的组织机构

国际海事组织的宗旨在《国际海事组织公约》第1(a)条中已经明确,即"在与从事国际贸易的各种航运技术事宜有关的政府规定和管理方面,为各国政府提供合作机制;并在与海上安全、航行效率和防止及控制船舶对海洋造成污染有关的问题上,鼓励和便利各国普遍采用最高可行的标准"。

国际海事组织总部位于伦敦,是联合国唯一一个总部设在伦敦的专业机构。它由大会、理事会、5个委员会和秘书处组成,还有一些分委会来协助各委员会的工作。

国际海事组织的组织结构如图2-1所示。

(一)大会(Assembly)

大会是国际海事组织的最高决策机构,由所有成员国组成。每两年举行一次会议,必要时可以召开特别会议。大会负责批准工作计划、审议财务预算和决定组织的财务计划。大会还要选出理事会。

(二)理事会(Council)

理事会由大会选举产生,任期两年,于每届大会结束后开始工作。

理事会是国际海事组织的执行机构,在大会的领导下负责监督国际海事组织的工作。在两届大会之间,理事会执行大会的所有职能,但不包括向各成员国政府提供有关海上安全和防污染方面的建议,这个职能仍由大会行使。理事会的其他职能有:(1)协调组织内各机构的活动;(2)审议组织的工作计划和财务预算并提交大会;(3)受理委员会和其他机构提

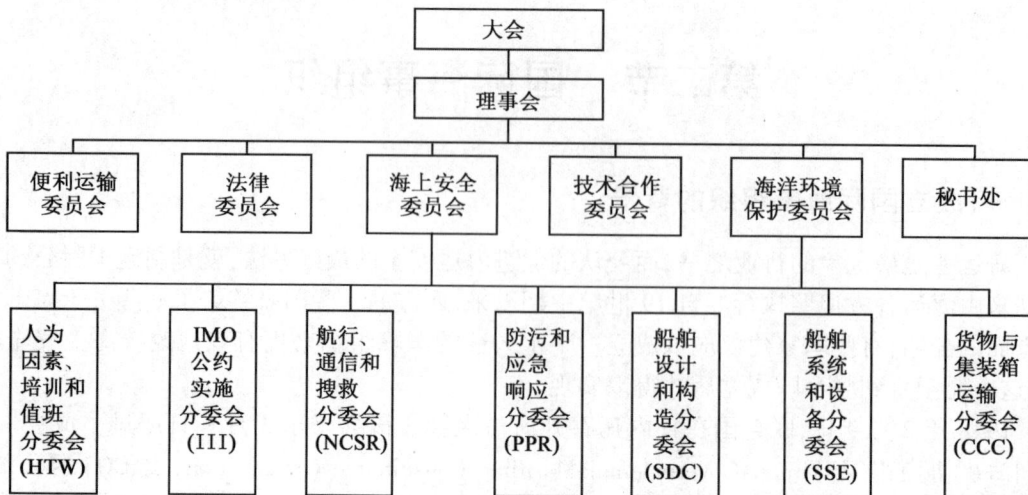

图 2-1　国际海事组织组织结构图

供的报告和建议,并提交大会和各成员国,必要时提出自己的意见和建议;(4)任命秘书长,并提交大会批准;(5)就国际海事组织与其他组织的关系达成协议或做出安排,提交大会批准。

国际海事组织公约规定,大会选举理事会成员应达到下列标准①:

标准 A:10 个在提供国际航运服务方面有最大利害关系的国家;

标准 B:10 个在国际海上贸易方面有最大利害关系的国家;

标准 C:20 个不是根据上述①或②选出的,其在海上运输或航行方面有特殊利害关系的国家,选这些国家进入理事会将保证世界所有主要地理区域都有代表参加。

2024—2025 年理事会成员国如下:

A 类理事国:中国,希腊,意大利,日本,利比里亚,挪威,巴拿马,韩国,英国,美国;

B 类理事国:澳大利亚,巴西,加拿大,法国,德国,印度,荷兰,西班牙,瑞典,阿拉伯联合酋长国;

C 类理事国:巴哈马,孟加拉国,智利,塞浦路斯,丹麦,埃及,芬兰,印度尼西亚,牙买加,肯尼亚,马来西亚,马耳他,墨西哥,摩洛哥,秘鲁,菲律宾,卡塔尔,沙特阿拉伯,新加坡,土耳其。

（三）海上安全委员会(Maritime Safety Committee, MSC)

MSC 是国际海事组织的最高技术机构,由所有成员国组成。其职能是:在国际海事组织的职责范围内研究有关助航设备、船舶的构造和设备、安全配员、避碰规则、危险货物操作、海上安全程序和要求、航道信息、航海日志和航行记录、海上事故调查、海上救捞及其他直接影响海上安全的事宜。

MSC 要履行国际海事组织公约赋予的任何职责,或由其他国际公约规定的由其来完成

---

①　按照标准 A、B、C 选出的理事国分别为 A 类理事国、B 类理事国、C 类理事国。

的职责,或国际海事组织接受的来自其他国际组织的职责,它还负责审议有关海上安全的建议和指南,并提交大会通过。

(四)海洋环境保护委员会(Marine Environment Protection Committee,MEPC)

MEPC 由所有成员国组成,负责审议国际海事组织职责范围内有关防止和控制船舶造成污染的任何事宜,它特别关注相关公约和规则的通过和修正,以及保证这些公约和规则有效实施的措施。

(五)分委会(Sub-Committee)

MSC 和 MEPC 由 7 个分委会协助其工作,这些分委会对所有成员国开放。这 7 个分委会分别是:(1)人为因素、培训和值班分委会(HTW);(2)国际海事组织公约实施分委会(III);(3)航行、通信和搜救分委会(NCSR);(4)防污和应急响应分委会(PPR);(5)船舶设计和构造分委会(SDC);(6)船舶系统和设备分委会(SSE);(7)货物与集装箱运输分委会(CCC)。

(六)法律委员会(Legal Committee)

法律委员会负责处理国际海事组织职责范围内的法律事宜,由国际海事组织所有成员国组成。它于 1967 年成立,最初是为了处理"托利卡尼翁号"海难引起的法律问题。

法律委员会还负责在其职责范围内履行国际海事组织所应履行的职责,或由其他国际文件所赋予的由国际海事组织承担的职责。

(七)技术合作委员会(Technical Co-operation Committee)

技术合作委员会负责审议国际海事组织职责范围内由国际海事组织实施的,或与其他国际组织合作实施的技术合作项目,以及国际海事组织在技术合作领域内的其他活动。

技术合作委员会由所有成员国组成,成立于 1969 年,最初为理事会的一个附属机构,于 1984 年成为一个独立的委员会。

(八)便利运输委员会(Facilitation Committee)

便利运输委员会成立于 1972 年 5 月,负责消除国际航运中不必要的手续和事项等工作,对所有成员国开放。

(九)秘书处

秘书处由秘书长和近 300 名工作人员组成。国际海事组织即将上任的秘书长是来自巴拿马的阿塞尼奥·多明戈斯,任期 4 年,从 2024 年 1 月 1 日至 2027 年 12 月 31 日。

三、国际海事组织履行的职责

国际海事组织成立后的第一个任务是制定《1960 年国际海上人命安全公约》(International Convention for the Safety of Life at Sea,1960,简称 1960 年 SOLAS 公约),其是所有涉及海上安全的公约中最重要的一个。这项工作完成后,国际海事组织将注意力集中在便利国际海上运输、载重线、危险货物运输等方面,同时也修改了船舶的吨位丈量系统,即制定了

《1969 年国际船舶吨位丈量公约》。

在致力于解决海上安全问题的同时，国际海事组织也面临着新的问题——海洋污染。海上运输石油数量的增长及油船尺寸的加大引起了广泛关注，1967 年"托利卡尼翁号"海难造成了 12 万吨原油的溢出，更加突出了问题的严重性。

在随后的几年间，国际海事组织采取了一系列措施来防止油船事故并减小事故后果。国际海事组织还解决了由船舶常规操作，如货油舱的清洗及机舱废油的排弃入海对海洋环境的威胁，就吨位而言，这些常规操作造成的污染比事故导致的污染要严重得多。

防止船舶造成污染的措施中最重要的是制定并颁布了《经 1978 年议定书修正的〈1973 年国际防止船舶造成污染公约〉》（简称 MARPOL 73/78）。它不但涵盖事故性和操作性油污染，还包括化学品，包装形式的货物、污水、垃圾和空气污染。

国际海事组织还负责建立污染损害赔偿系统，该系统向因遭受污染事故而导致财产损失的一方提供赔偿。1969 年和 1971 年通过了两个公约，分别是《1969 年国际油污损害民事责任公约》和《1971 年设立国际油污损害赔偿基金公约》，这两个公约使得污染事故的受害者比以前更容易并更快捷地得到赔偿。这两个公约于 1992 年得到修正，于 2000 年再次修正，目的是增加赔偿限额。

除了在制度上不断创新以提高海上安全，国际海事组织还致力于技术更新，不断引进最新科技到海事领域的各个方面，从技术上提高海上安全。

在 1992 年 2 月，全球海上遇险与安全系统（简称 GMDSS）正式实施。GMDSS 可使遇险船在世界的任何地点都能得到真正的援助，即使船员没时间发无线电求救信号也没关系，因为 GMDSS 设备能自动发出遇险信息。

从 20 世纪 90 年代开始，海事中的人为因素成为海事管理学科中的重点内容，与此相关的两个比较重要的规则和公约相继产生。一个是《国际安全管理规则》（International Safety Management Code，简称 ISM 规则）。1998 年 7 月 1 日，ISM 规则生效并对客船、油船和化学品船、散装船、气体船和 500 总吨及以上的高速货船适用，自 2002 年 7 月 1 日起，适用于其他船舶和 500 总吨及以上的移动海上钻井平台。另一个是经 1995 年缔约国大会通过修正的《1978 年海员培训、发证和值班标准国际公约》（简称 STCW 78/95），于 1997 年 2 月 1 日生效。该公约极大地提高了船员的标准，并且第一次授权国际海事组织检查缔约方政府的履约行为，要求缔约方政府向国际海事组织提交履约报告。STCW 公约在 2010 年又进行了一次重大修改，即"马尼拉修正案"。

进入 21 世纪以来，国际海事组织又制定了一些关于保护海洋环境方面的新公约，包括《2001 年国际控制船舶有害防污底系统公约》（Anti-Fouling Systems，2001，简称 AFS 2001）和防止外源生物入侵的《压载水管理公约》（Ballast Water Management System，2004，简称 BWM 2004），还有《2009 年香港国际安全与环境无害化拆船公约》（Hong Kong International Convention for the Safe and Environmentally Sound Recycling of Ships，2009，简称《香港公约》）。

国际海事组织的另一个关注点集中在海上保安方面。2004 年 7 月，《国际船舶和港口设施保安规则》（简称 ISPS 规则）生效，从此在海事领域一个全新的、可行的防止海上恐怖主义的机制得以建立。

在 2005 年,国际海事组织又通过了《1988 年打击影响船舶航行安全非法行为公约》(1988 年 SUA 公约)及其相关议定书的修正案,授权缔约方政府当有合理依据怀疑船舶或船上人员已经或打算参与犯罪行为时,登船(非本国籍船舶)采取行动。

2016 年 1 月 1 日,国际海事组织成员国审核机制成为强制性措施,这极大地促进了国际海事组织的公约和规则的实施。

国际海事组织通过保持科技进步和不断地从事故中吸取经验教训来制定和修改公约,在国际海事领域发挥着不可替代的作用。

第三章　海事管理法规

第一节　国内海事法规

一、我国海事管理法规分类

我国制定了大量有关海事管理的法律、行政法规、地方性法规和部门规章等规范性文件,这些法律法规按其层次和制定部门的级别主要分为以下几种:

(一)法律

法律由全国人民代表大会及其常务委员会制定,涉及海事管理的法律有《海上交通安全法》、《中华人民共和国海洋环境保护法》、《中华人民共和国海商法》(以下简称《海商法》)等。

(二)行政法规

行政法规主要是指由国务院制定的有关海事管理的规范性文件,主要有《中华人民共和国内河交通安全管理条例》(以下简称《内河条例》)、《中华人民共和国防治船舶污染海洋管理条例》、《中华人民共和国船员条例》(以下简称《船员条例》)、《中华人民共和国船舶和海上设施检验条例》(以下简称《船舶和海上设施检验条例》)、《中华人民共和国船舶登记条例》(以下简称《船舶登记条例》)、《中华人民共和国航标条例》(以下简称《航标条例》)、《中华人民共和国海上交通事故调查处理条例》(以下简称《海上交通事故调查处理条例》)等。

(三)地方性法规

省、自治区、直辖市的人民代表大会及其常委会根据本行政区域的具体情况和实际需要,在不与宪法、法律、行政法规相抵触的前提下,可以制定地方性法规,如《山东省水路交通条例》《辽宁省安全生产条例》等。

（四）部门规章

部门规章主要是指由交通运输部根据法律和国务院的行政法规、决定、命令，在本部门的权限范围内制定的规章，如《国际航行船舶进出中华人民共和国口岸检查办法》、《中华人民共和国船舶安全监督规则》（以下简称《船舶安全监督规则》）、《中华人民共和国航运公司安全与防污染管理规定》（以下简称《航运公司安全与防污染管理规定》）、《中华人民共和国国际船舶保安规则》（以下简称《国际船舶保安规则》）、《中华人民共和国海船船员适任考试和发证规则》（以下简称《海船船员适任考试和发证规则》）等。

另外，省、自治区、直辖市和设区的市、自治州的人民政府可以根据法律、行政法规和地方性法规，制定本地区的地方政府规章，如《辽宁省内河客渡船船员适任考试发证办法》《辽宁省渡口渡船安全管理办法》等。

二、海上交通安全法

《海上交通安全法》于1983年9月2日在第六届全国人民代表大会常务委员会第二次会议上通过，1984年1月1日起施行，是迄今为止我国第一部也是唯一一部关于海上交通安全的法律。2016年11月7日第十二届全国人民代表大会常务委员会第二十四次会议对其进行了修正。2021年4月29日第十三届全国人民代表大会常务委员会第二十八次会议对其全面修订，自2021年9月1日起施行。

《海上交通安全法》共10章122条，内容有总则，船舶、海上设施和船员，海上交通条件和航行保障，航行、停泊、作业，海上客货运输安全，海上搜寻救助，海上交通事故调查处理，监督管理，法律责任，附则。

该法第2条和第4条明确了其适用范围和主管机关，规定："在中华人民共和国管辖海域内从事航行、停泊、作业以及其他与海上交通安全相关的活动，适用本法。""国务院交通运输主管部门主管全国海上交通安全工作。国家海事管理机构统一负责海上交通安全监督管理工作，其他各级海事管理机构按照职责具体负责辖区内的海上交通安全监督管理工作。"

《海上交通安全法》规定了船舶、海上设施和船员必须具备的技术条件，应当遵守的法律规章，所享受的权利和应尽的义务及违法者应承担的法律责任，要求船舶必须进行检验和登记，持有各种证书和文书。船员必须经过专业培训并持有各类培训合格证书和适任证书。国际航行船舶进出口岸，应当依法向海事管理机构申请许可并接受海事管理机构和其他口岸检查机构的监督检查。国内航行船舶进出港口、港外装卸站，应当向海事管理机构报告船舶的航次计划、适航状态、船员配备和客货载运等情况。船舶应当在符合安全条件的码头、泊位、装卸站、锚地、安全作业区停泊。船舶停泊不得危及其他船舶、海上设施的安全。船舶、海上设施、航空器及人员在海上遇险的，应当立即报告海上搜救中心，不得瞒报、谎报海上险情。船舶、海上设施、航空器收到求救信号或者发现有人遭遇生命危险的，在不严重危及自身安全的情况下，应当尽力救助遇险人员。船舶、海上设施发生海上交通事故，应当及时向海事管理机构报告，并接受调查。调查海上交通事故，应当全面、客观、公正、及时，依法查明事故事实和原因，认定事故责任。

该法规定的处罚是对违反该法者将视情节给予责令改正、罚款、撤销许可、没收证书文书、吊销适任证书等一种或几种行政处罚。

三、内河条例

《内河条例》自 2002 年 8 月 1 日起实施，根据 2019 年 3 月 2 日《国务院关于修改部分行政法规的决定》第三次修订。

《内河条例》共 11 章 95 条，内容有总则，船舶、浮动设施和船员，航行、停泊和作业，危险货物监管，渡口管理，通航保障，救助，事故调查处理，监督检查，法律责任，附则。

该条例第 2 条规定了适用范围："在中华人民共和国内河通航水域从事航行、停泊和作业以及与内河交通安全有关的活动，必须遵守本条例。"

该条例第 4 条规定了我国内河交通安全的主管机关："国务院交通主管部门主管全国内河交通安全管理工作。国家海事管理机构在国务院交通主管部门的领导下，负责全国内河交通安全监督管理工作。国务院交通主管部门在中央管理水域设立的海事管理机构和省、自治区、直辖市人民政府在中央管理水域以外的其他水域设立的海事管理机构依据各自的职责权限，对所辖内河通航水域实施水上交通安全监督管理。"

该条例第 5 条规定："县级以上地方各级人民政府应当加强本行政区域内的内河交通安全管理工作，建立、健全内河交通安全管理责任制。乡（镇）人民政府对本行政区域内的内河交通安全管理履行下列职责：（1）建立、健全行政村和船主的船舶安全责任制；（2）落实渡口船舶、船员、旅客定额的安全管理责任制；（3）落实船舶水上交通安全管理的专门人员；（4）督促船舶所有人、经营人和船员遵守有关内河交通安全的法律、法规和规章。"

《内河条例》规定了船舶、浮动设施航行或活动必须具备的条件；要求船员经水上交通安全专业培训，其中客船和载运危险货物船舶的船员还应当参加相应的特殊培训，并经海事管理机构考试合格，取得相应的适任证书或者其他适任证件，方可担任船员职务；要求船舶、浮动设施的所有人或者经营人，应当加强对船舶、浮动设施的安全管理，建立、健全相应的交通安全管理制度，并对船舶、浮动设施的交通安全负责；船舶进出内河港口，应当向海事管理机构报告船舶的航次计划、适航状态、船员配备和载货载客等情况；规定了内河航行强制引航的情形；要求载运危险货物的船舶，必须持有经海事管理机构认可的船舶检验机构依法检验并颁发的危险货物适装证书，并按照国家有关危险货物运输的规定和安全技术规范进行配载和运输；规定了渡口的设置条件，要求渡口船舶应当持有合格的船舶检验证书和船舶登记证书；规定了船舶、浮动设施遇险自救、救助和向主管机关报告的义务；规定了内河交通事故调查处理的原则；明确了海事机构实施监督检查的责任；规定了违反条例各项规定的罚则。

第二节　国际海事公约

长久以来，人们认为保障海上安全、解决海上贸易纠纷、促进航运业良性发展的最有效的方式,就是制定相关的公约并由航运各方共同遵守和执行。国际海事组织自成立以来一直致力于制定海事公约,其中《1974 年国际海上人命安全公约》《1978 年海员培训、发证和值班标准国际公约》《1973 年国际防止船舶造成污染公约》《2006 年海事劳工公约》被视为海事领域的四大支柱性公约。

一、1974 年国际海上人命安全公约

1912 年的"泰坦尼克号"海难促使英国政府召开了一次国际会议,制定了《1914 年国际海上人命安全公约》(International Convention for the Safety of Life at Sea,1914,简称 1914 年 SOLAS 公约),该公约本应于 1915 年 7 月生效,但由于第一次世界大战的爆发,公约未能生效。

1929 年和 1948 年,在伦敦先后召开的两次国际会议,制定并通过了第二个和第三个版本的 SOLAS 公约,分别于 1933 年和 1952 年生效。

1959 年政府间海事协商组织召开了第一次会议,标志着该组织正式成立。其成立后第一项任务就是修改已经过时了的 1948 年 SOLAS 公约。政府间海事协商组织在原有公约的基础上,合并了其后的一些修正案,制定了第四版,即 1960 年 SOLAS 公约。政府间海事协商组织于 1960 年 5 月 17 日至 6 月 17 日召开了其第一次海上人命安全外交大会,通过了 1960 年 SOLAS 公约,该公约于 1965 年 5 月 26 日生效。

1974 年 10 月 21 日至 11 月 1 日,政府间海事协商组织在伦敦召开了国际海上人命安全外交大会,我国政府首次派代表参加会议,会议通过了《1974 年国际海上人命安全公约》(1974 年 SOLAS 公约),该公约于 1980 年 5 月 25 日生效。我国于 1980 年 1 月 7 日加入该公约,公约生效之日起即对我国生效。1974 年 SOLAS 公约生效至今虽然也经过多次修改,但依然是现行版本。

1974 年 SOLAS 公约的内容分为两个部分:正文(Article)和附则(Annex)。正文为法律性的条款,共 13 条,规定了缔约国的一般义务、适用范围、修正程序等;附则为技术性的条款,共 14 章,涵盖了有关船舶结构、消防、救生、通信、货物运输、船舶安全和防污染运营管理、船舶保安等方面,各章的标题及内容概括如下:

第 I 章 总则

本章包含了对各种类型船舶检验、发证的要求,以及各缔约方主管机关要对到达该国港口的船舶实施监督等规定。

第 II-1 章 构造–结构、分舱与稳性、机电设备

本章包含了对船舶水密分隔、稳性和机电设备的要求。

客船的水密分隔必须保证船壳在一定程度的破损后,仍能保持漂浮和稳定。

分舱的等级由两个相邻横舱壁之间的最大允许距离测得,随船长和船舶的用途不同而不同,客船的分舱等级最大。

制定有关机电设备的条款的目的在于确保在各种紧急情况下船舶、乘客和船员的安全。

第 II-2 章 构造–防火、探火和灭火

本章包括所有类型船舶消防安全的详细的规定,以及客船、货船和液货船消防的具体规定。

这些规定基于以下原则:(1)用耐热与结构性限界面,将船舶划分为若干主竖区;(2)用耐热与结构性限界面,将起居处所与其他处所隔开;(3)限制可燃材料的使用;(4)探知火源区域内的任何火灾;(5)抑制和扑灭火源处所内的任何火灾;(6)保护脱险通道或消防通道;(7)消防设备随时可用;(8)将易燃货物蒸发气体着火的可能性减至最低程度。

第Ⅲ章 救生设备和装置

本章包含了救生设备和装置的一般规定,以及各种类型船舶的救生艇、救助艇和救生衣方面的内容,具体的要求详见本章第34条引入的《国际救生设备规则》,所有救生设备和装置必须符合该规则的规定。

第Ⅳ章 无线电通信

本章引入了全球海上遇险与安全系统(GMDSS),所有国际航行的客船和300总吨及以上的货船必须安装必要的卫星应急无线电示位标(EPIRB)、搜救雷达应答器(SART)等设备,以便对船舶或救生艇定位,从而提高海上搜救的成功率。

本章的条款要求缔约方政府提供无线电通信服务,要求船舶安装无线电通信设备;本章的内容多数涉及国际电信联盟的《无线电规则》。

第Ⅴ章 航行安全

本章规定了由缔约方政府提供的航行安全服务,这些服务广泛地适用于所有航区的所有船舶,包括船舶气象服务、冰区巡逻、船舶定线、海上搜救服务。本章还规定了船长对遇险船舶提供援助的一般义务,以及缔约方政府以保证安全为目的确保所有船舶得到足额和有效的配员。本章强制性要求船舶配备航行数据记录仪(VDR)和船舶自动识别系统(AIS)。

第Ⅵ章 货物运输

本章适用于所有货物(不包括散装液体和气体),"因其对船舶及船员具有特别的危险性,必须采取特定的预防措施"。内容包括对货物、货物单元(如集装箱)积载和系固的规定。本章要求所有载运谷物的船舶必须遵守《国际谷物规则》。

第Ⅶ章 危险货物运输

本章分为四个部分:

A 部分——包装危险货物运输,包括危险货物的分类、包装、标志、标签和标牌、单证和积载的规定。要求缔约方政府必须在国家范围内发布指南。本章要求运输危险货物的船舶必须符合《国际危险货物运输规则》(IMDG 规则),并使其成为强制性规则。该规则通过不断更新使其能够适用新的危险货物或更改现有条款。A-1 部分——固体散装危险货物运输,包括此类货物的单证、积载和隔离规定,要求向有关部门报告涉及此类货物的事故。

B 部分——散装运输危险液体化学品船舶的构造和设备,要求运输化学品的船舶符合《国际散装化学品规则》(IBC 规则)。

C 部分——散装运输液化气体船舶的构造和设备,要求运输气体的船舶符合《国际气体运输船规则》(IGC 规则)。

D 部分——船舶运输密封装辐射性核燃料、钚和强放射性废料的特殊要求,要求运输此类货物的船舶符合《国际船舶安全运输密封装辐射性核燃料、钚和强放射性废料规则》(INF 规则)。

第Ⅷ章　核能船舶

本章对核动力船舶及放射性危险做出了基本规定,具体规定参照1981年国际海事组织大会通过的《核动力船舶安全规则》。

第Ⅸ章　船舶安全营运管理

本章引入了强制性的《国际安全管理规则》(ISM规则),该规则要求船东或承担船舶责任的任何人(即规则定义的"公司")必须建立安全管理体系。

第Ⅹ章　高速船安全措施

具体规定参见本章引入的《国际高速船安全规则》,该规则是强制性的。

第Ⅺ-1章　加强海上安全的特别措施

本章是有关授权给经认可组织(代表主管机关负责执行船舶检验和安全检查等职责的组织)方面的规定,以及加强检验、船舶识别号和有关操作要求的港口国监督规定。

第Ⅺ-2章　加强海上保安的特别措施

本章引入了《国际船舶和港口设施保安规则》(ISPS规则),该规则的A部分是强制性的规则,B部分是关于如何符合A部分强制性规则的指南。规则明确了船长依照其专业判断而做出或执行为维护船舶保安所必需的决定的权力,船长做出决定时不应受到公司、承租人或任何他人的影响。

本章要求所有船舶必须安装保安报警系统;规定了港口设施保安方面的内容,要求缔约方政府确保能够根据ISPS规则执行港口设施保安评估,进而制定、实施或修改港口设施保安计划。其他规定还包括资料的送交,控制和符合措施(包括推迟船期、滞留、限制船舶港内移动或驱逐出港),公司的具体责任等。

第Ⅻ章　散货船附加安全措施

本章对船长超过150米的散货船的构造做出了规定。

第ⅩⅢ章　符合验证

本章于2016年1月1日起实施,这使得成员方审核机制成为强制性措施。

第ⅩⅣ章　极地水域营运船舶的安全措施

自2017年1月1日起,《极地水域船舶航行安全规则》(以下简称《极地规则》)A部分开始强制实施。

SOLAS公约被公认为是关于商船安全的最重要的公约,现有168个缔约方,SOLAS公约缔约方拥有商船的总吨位占世界商船总吨位的98.91%(数据来自国际海事组织官网)。

二、1978年海员培训、发证和值班标准国际公约

1960年的国际海事组织海上人命安全外交大会除了通过了SOLAS公约外,还通过一项决议,即呼吁各国和地区政府加强对海员的教育培训,建议国际海事组织、国际劳工组织(International Labor Organization,ILO)及有关政府共同为此努力。国际海事组织海上安全委员会设立了一个培训与值班分委员会,为培训海员使用助航设施、救生设备、消防设备等草拟了《1964年指南文件》,并于1975年和1977年对此文件进行修正和增补,直至起草公约草案。

1978年6月14日至7月7日,国际海事组织在伦敦召开了外交大会,通过了《1978年

海员培训、发证和值班标准国际公约》(International Convention on Standards of Training, Certification and Watch Keeping for Seafarers,1978,简称 1978 年 STCW 公约),该公约于 1983 年 4 月 27 日达到了生效条件,于 1984 年 4 月 28 日正式生效。我国于 1981 年 6 月 8 日加入该公约,公约生效之日起(即 1984 年 4 月 28 日)对我国生效。

1978 年 STCW 公约分为正文和附则。正文为法律性条款,包括:定义,适用范围,监督,缔约国的一般义务,公约的修正、签署和加入,生效,文字等内容。附则是技术性条款,包括:总则,船长和甲板部,轮机部,无线电部,对槽管轮的特别要求。

公约自生效至今不断被修正以适应航运的发展,其中 1995 年和 2010 年的两次修正具有重大意义。

1995 年的修正是通过召开缔约国会议的方式进行的,修改的幅度较大,主要有:(1)增加了全面、严格和多方位的遵章核实机制。(2)在船员培训、考试和发证过程中增加了对适任能力的模拟器训练以及"评估"环节。(3)要求相关部门建立质量标准体系对海员的培训、考试、评估和发证进行连续的质量控制。(4)引入了"职能发证"方法,不同于传统的按部门发证方法,1995 年的修正将海船船员的适任能力归纳为七个职能和三个等级。七个职能为:航行、货物装卸和积载、控制船舶操作和管理船上人员、轮机工程、电气电子和控制工程、维护和修理、无线电通信;三个等级分别为:管理级、操作级和支持级,职能发证方法与传统的部门发证方法相对应,可满足不同的国家对发证的不同要求。(5)改变了原公约的结构,在原公约中增加了 STCW 规则,规则分 A、B 两个部分,A 部分为针对附则的强制性标准,B 部分为关于附则的建议指导。值得一提的是,1995 年的修正提供了国际海事公约的一种新形式,即"正文+附则+A 标准+B 建议"的形式,这种形式可以极大地避免对公约条文的误解,增加了可操作性,因而广受欢迎。此后国际海事组织制定的比较重要的规则和公约,如《国际船舶和港口设施保安规则》、海事劳工公约等都采用这种形式。

1995 年的修正对 1978 年公约的内容和形式都做出了较大的修改,产生了深远影响,修改后的 STCW 公约在业内简称为 STCW 78/95,直到被 2010 年马尼拉修正案替代。

进入 2000 年以后,国际航运的形势发生了很大变化,船舶向大型化、快速化、专业化的方向发展,各国对环保的要求越来越高,信息技术不断应用于航运,海盗问题日益突出,这些都对船员的适任能力提出了新要求。在此背景下,国际海事组织船员培训与值班标准分委会(后改为人为因素、培训和值班分委会)提出回顾并修改 STCW 公约。

此次回顾公约的八项原则是:(1)保留 1995 年修正案的结构与目标;(2)不降低现有标准;(3)不修改公约条款(即正文);(4)解决不一致问题、清理过期的要求及增加体现技术发展的要求;(5)确保有效的信息交流;(6)由于技术的创新,在履约培训、发证与值班要求方面,提供一些灵活性;(7)考虑短航线船舶与近海石油工业的特点与环境;(8)考虑海上保安。

2010 年 6 月 21 日至 25 日,国际海事组织在菲律宾马尼拉召开 STCW 公约缔约国外交大会,通过了修正案,为感谢马尼拉政府对此次公约修正所做的贡献,该修正案被称为"STCW 公约马尼拉修正案",这是国际海事组织第一次以一个城市的名字来命名公约的修正案,2012 年 1 月 1 日起实施。

STCW 公约马尼拉修正案的内容分为四部分:正文、附则、STCW 规则 A 部分和 B 部分。

正文与原公约一致;附则共有八章,分别是:

第Ⅰ章 总则,对定义和说明、证书和签证、控制近岸航行的原则、监督程序、国家的规定、培训和评估、资料交流、质量标准、健康标准、证书的承认、证书的再有效、模拟器的使用、试验的实施、公司的责任、过渡规定等内容做出了规定。

第Ⅱ章 船长和甲板部,规定了对高级船员、船长和大副、普通船员和高级值班水手发证的强制性最低要求。

第Ⅲ章 轮机部,规定了对高级船员、轮机长和大管轮、普通船员发证的强制性最低要求。

第Ⅳ章 无线电通信和无线电操作员,规定了适用范围和对 GMDSS 无线电人员发证的强制性最低要求。

第Ⅴ章 特定类型船舶的人员特殊培训要求,规定了对油船和化学品船船长、高级船员及普通船员的培训和资格的强制性最低要求;对液化气船船长、高级船员和普通船员的培训和资格的强制性最低要求;对客船船长、高级船员、普通船员和其他人员的培训和资格的强制性最低要求。

第Ⅵ章 应急、职业安全、保安、医护和求生职能,规定了对所有海员的安全熟悉、基本培训及训练的强制性最低要求;对签发救生艇筏、救助艇及快速救助艇培训合格证书的强制性最低要求;对高级消防培训的强制性最低要求;关于医疗急救和医护的强制性最低要求;对签发船舶保安员培训合格证书的强制性最低要求;对所有海员与保安有关的培训和训练的强制性最低要求。

第Ⅶ章 可供选择的发证,规定了可供选择的证书的签发、对海员的发证、控制签发可供选择的证书的原则。

第Ⅷ章 值班,规定了适于值班、值班安排和应遵循的原则。

STCW 规则 A 部分为关于 STCW 公约附则的强制性标准,B 部分为关于 STCW 公约附则条款的指导。

三、1973 年国际防止船舶造成污染公约

《1973 年国际防止船舶造成污染公约》由国际海事组织于 1973 年 11 月 2 日在伦敦通过。该公约包括五个附则,涉及船舶造成污染的五项污染源。当时因为附则Ⅱ条款存在技术问题,导致该公约无法生效和实施。1978 年 2 月 6 日至 17 日,国际海事组织召开的国际油船安全和防污染会议通过了《1973 年国际防止船舶造成污染公约》的 1978 年议定书。经 1978 年议定书修订的公约称为《经 1978 年议定书修订的〈1973 年国际防止船舶造成污染公约〉》(简称为 MARPOL 73/78)。

国际海事组织于 1997 年 9 月 15 日至 26 日召开的 MARPOL 73/78 缔约国大会通过了 1997 年的议定书,并新增了附则Ⅵ。在 2008 年召开的海洋环境保护委员会第五十六届会议上决定,公约和六个附则作为一个整体,最好使用"MARPOL"代替"MARPOL 73/78",因为后者没有涵盖 1997 年的议定书。

正文条款包括:公约的基本义务,定义,适用范围,违章,证书和检查船舶的特殊规定,违章事件的调查和本公约的实施,对船舶的不适当延误,涉及有害物质的事故报告,其他公约

及解释,争议的解决,资料的送交,船舶事故,签字、批准、接受、核准和加入,任选附则,生效,修正,促进技术合作,退出,保存和登记,语言。

附则Ⅰ:防止油类污染规则,正文和附则Ⅰ于1983年10月2日生效,同时对我国生效。

附则Ⅱ:控制散装有毒液体物质污染规则,于1987年4月6日生效,同时对我国生效。

附则Ⅲ:防止海运包装有害物质污染规则,于1992年7月1日生效,于1994年12月13日对我国生效。

附则Ⅳ:防止船舶生活污水污染规则,于2003年9月27日生效,于2007年2月2日对我国生效。

附则Ⅴ:防止船舶垃圾污染规则,于1988年12月31日生效,于1989年2月21日对我国生效。

附则Ⅵ:防止船舶造成大气污染规则,于2005年5月19日生效,于2006年8月23日对我国生效。

四、2006年海事劳工公约

《2006年海事劳工公约》(以下简称海事劳工公约)在2006年2月召开的第九十四届国际劳工(海事)大会上获高票通过,其目的是实现海员的体面工作,被称为海员的"权利法案"。公约于2013年8月20日生效。我国于2015年8月批准加入海事劳工公约,其于2016年11月12日对我国正式生效。

海事劳工公约由三个不同但相关的部分构成:条款、规则和守则。条款和规则规定的是核心权利和原则以及缔结本公约的成员国的基本义务。守则包含了规则的实施细节,其中A部分是强制性标准,B部分是非强制性导则。海事劳工公约的主要内容包含五个部分:

标题一,海员上船工作的最低要求。这部分包括四个方面的内容,即最低年龄、体检证书、培训和资格、招募和安置。

标题二,就业条件。这部分是关于劳动关系内容的规定,包括八个方面的内容,即海员就业协议、工资、工作和休息时间、休假的权利、遣返、船舶灭失或沉没时对海员的赔偿、配员水平、海员职业发展和技能开发及就业机会。

标题三,起居舱室、娱乐设施、食品和膳食服务。这部分是关于海员船上生活条件和标准的规定,包括两个方面的内容,即起居舱室和娱乐设施、食品和膳食服务。

标题四,健康保护、医疗、福利和社会保障保护。这部分包括五个方面的内容,即船上和岸上医疗、船东的责任、健康和安全保护及事故防止、获得使用岸上福利设施、社会保障。

标题五,遵守与执行。这部分为海事劳工公约确立了履约机制。通过建立检查和发证系统保证公约的规定得到充分的实施与执行,包括三个方面的内容,即船旗国责任、港口国责任、劳工提供责任。

第四章　船舶检验

第一节　船舶检验的概念

一、船舶检验与船级社的起源

17世纪末,英国已经成为当时欧洲的海上霸主,船舶运输、海商保险、船舶买卖和租赁等航运相关行业已经形成。但货主、保险商、租船经纪人等面临一个共同的问题:对于他们所关注的船舶,既没有衡量和鉴定船舶技术状况的标准,也没有任何组织或个人能够提供这种服务。

在1691年,一位名叫爱德华·劳埃德(Edward Lloyd)的威尔士商人,在伦敦的隆博德大街16号(No. 16 Lombard Street)开了一家咖啡馆。这个街区是英国航运业中心,咖啡馆良好的社交氛围吸引了许多商人来到这里寻找商机。劳埃德通过收集航运信息和主持拍卖会等活动,使他的咖啡馆很快成为伦敦航运商人们的聚集地。1696年,劳埃德决定将他收集来的航运信息制成报纸来满足人们对航运新闻的渴求,报纸取名为《劳埃德新闻》(Lloyd's News),每周出版3次。1760年,劳埃德咖啡馆的顾客们在这里第一次进行了航运登记(Register of Shipping),世界上第一个船级社(The Society for Register of Shipping)也随之产生,人们以咖啡馆的名字将其命名为劳埃德船级社,即英国劳氏船级社(Lloyd's Register)。

1764年劳氏船级社出版了第一部船舶录(Register Book),记载了经验船师(Surveyor)检验的船舶船壳、航行设备(主要是锚、帆、舵)等的技术状况。从1768年开始,船级社将船舶的品质分成不同等级(即船级,Classifications),船壳以字母来表示等级,如A为最高等级(品质最好);船舶设备以数字代表等级,如1为最好,因此A1为劳氏船级社最高等级的船舶符号,一直沿用至今。船舶检验也由此产生。由船级社执行船舶检验,将检验结果记录到"船舶录",从而为航运保险、船舶买卖和租赁等商业活动提供依据。

二、船舶检验的概念和类别

船舶检验是指国家授权或国际上承认的船舶检验机构、组织等，按照国际公约，国内法规、标准、规范或规则等的要求，对船舶（或海上设施）的设计、制造、材料、机电设备、安全设备、技术性能及营运条件等进行的审核、测试、检查和鉴定，是目前各国为保证船舶技术状态，保障水上人命、财产安全和防止船舶污染海洋环境所普遍采取的一种对船舶监督管理的措施。

通过检验可以确定船舶及其设备是否适合预定的用途，是否具备在一定航区安全航行及营运的能力和条件。根据国际惯例、相关国际公约和各国的国内法规，船舶只有经过检验才能取得相应的船舶技术证书，而这些证书是船舶登记、买卖、租赁、保险、海事索赔和处理等的必备文件。因此，船舶检验不论是对于国家还是对于船舶所有人都具有十分重要的意义，从国家海事管理的角度来看，船舶检验是船舶管理的第一个环节，是履行国际公约缔约方义务的必要措施，是推行本国航运政策的有效手段；对于船舶所有人来说，船舶没有经过检验，便无法获得各个法定船舶证书，也就不具备营运的资格。

根据检验的性质，船舶检验可分为船级检验、法定检验和公证检验。

（一）船级检验

船级检验是应船舶所有人的申请，由船级社依据其入级与建造规范，对船舶、设施、船用设备、货物集装箱及相关工业产品进行的检验。船级检验是船舶所有人为了获得保险和在航运市场竞争处于有利地位等商业目的而自愿进行的一种商业行为。根据当前的船舶保险制度，各保险公司要求船舶必须持有承认的船级社所签发的入级证书才准予投保，船级高的船舶还能享受保险方面的优惠待遇。另有法律规定，承运货物的船舶至少在开航前和开航当时是适航的，否则造成货物损坏，承运人是不能享受相关公约或法律规定的免责权利的，如"海牙规则"中的免责条款；船舶持有的船级证书，就是船舶适航的初步证据，能够使承运人在海事索赔和处理中处于较为主动的地位。

（1）入级检验与保持船级

船舶入级检验一般有两种情况：一种是船级社依据造船厂或船东的申请，对新建船舶从审查船舶设计图纸、安放龙骨，到建造完毕试航为止的全过程所进行的检验，称为建造入级检验；另一种是船级社对未申请入级的现有船舶在申请入级时（多为船舶更改国籍时）所进行的检验，称为初次入级检验。对于检验合格的船舶，船级社将授予其船级符号、附加标志和入级证书，并记录在船舶录中，即所谓的"船舶入级"。

根据各船级社入级规范的规定，入级船舶必须进行各种保持船级的检验，其入级证书才能保持有效性。根据中国船级社（China Classification Society，CCS）的规定，船东应进行维修保养，并按入级证书规定的条件营运，还要按中国船级社的规范进行建造后检验并符合该规范的要求，船级继续有效，中国船级社才能签署或换发新的入级证书。

（2）船级暂停与取消

各船级社也都规定了船级暂停与取消的条件，如中国船级社规定：船舶超出入级符号与附加标志规定的限制，以及批准的其他附加条件进行营运，或船舶一旦发生任何可能使已授予的船级趋于失效的损坏、缺陷、故障或搁浅,且未在合理的第一时间向中国船级社报告,或者在预期的修理开始之前未通知中国船级社并征得同意等情况,均可能导致船级暂停并使入级证书失效。

中国船级社规定,如发生下述情况之一,船级将被取消:①应船东申请时;②导致船级暂停的情况未在规定时间内纠正时;③如果船舶在尚未完成要求其在开航前处理的遗留项目或未达到船级条件时出海航行,船级将被立即取消;④船舶的船体与设备、轮机包括电气设备遭受重大损坏或发生其他情况,经确认已无法继续营运时,如沉没、拆船等;⑤未按时交纳检验费等。

(3)船级恢复

船级过期后,如果完成了相应的检验项目,船级将恢复。从船级暂停到船级恢复期间,船舶不具有船级。船级恢复后,船级社一般会以书面形式通知船东、船旗国政府主管机关,并在其官方网站上登出,使保险商等相关利益方获悉。

(二)法定检验

由于船舶检验能够促使船东设法提高或保持船级以满足货主、保险商等有关安全方面的要求,这与海事主管机构保障海上人命、财产安全,防止船舶污染海洋的目标是一致的,所以各国海事主管机构都通过立法或颁布行政指令等方式强制要求船舶必须接受检验。另外,国际海事组织制定的涉及船舶的国际公约,如 SOLAS 公约、MARPOL 73/78 等,都要求船舶或设备必须具有缔约方主管机关颁发的技术证书(见表4-1),作为船舶或设备符合公约要求的证明文件,这些证书只有通过船舶检验机构的检验才能获得。与船级检验的性质不同,船舶接受的这种检验称为法定检验。

表 4-1　国际航行船舶法定证书列表(部分)

序号	证书名称	公约名称
1	客船安全证书	《1974 年国际海上人命安全公约》
2	货船构造安全证书	《1974 年国际海上人命安全公约》
3	货船设备安全证书	《1974 年国际海上人命安全公约》
4	货船无线电安全证书	《1974 年国际海上人命安全公约》
5	国际载重线证书	《1966 年国际载重线证书》
6	国际吨位证书	《1969 年国际吨位证书》
7	国际防止油污证书	《1973 年国际防止船舶造成污染公约》
8	国际防止生活污水污染证书	《1973 年国际防止船舶造成污染公约》

法定检验是船旗国法律规定的,由海事主管部门或其授权的船舶检验机构依据本国政府签署的国际公约、规则或国内的相关法规,在规定的时间内对船舶、设施、船用设备,货物集装箱等的设计、建造,营运中的安全技术状态的符合性等,强制进行的检查、检验、鉴定,是法律赋予船舶所有人、经营人、管理人的一项法律义务。我国《海上交通安全法》第 4 条规定:"船舶和船上有关航行安全的重要设备必须具有船舶检验部门签发的有效技术证书。"

法定检验的类型和范围具体介绍如下：

(1)初次检验

初次检验是指在船舶投入营运以及第一次对船舶颁发证书之前，对与某一特定证书有关的所有项目进行一次完整的检查，以保证这些项目符合有关要求并且能适宜船舶预定的营运业务。

新船的初次检验(建造检验，以下同)范围：审查船舶的图纸、图表、说明书、计算书和其他技术文件，以证实结构、机械和设备满足特定证书的有关要求；检查结构、机械和设备，以确保其材料、尺寸、建造和布置都与批准的图纸、图表、说明书、计算书和其他技术文件相符；核查所有证书、记录簿、操作手册以及特定证书所要求的其他须知和文件，并确认其都已放置于船上。

现有船舶初次检验的范围：图纸审查；确认与船舶安全有关的检验和试验报告，以及主要的产品证书；按换证检验的范围进行一次普遍检查，确认其符合有关规定；必要时，应进行确认试验和/或检验；核查证书和有关文件。

(2)年度检验

年度检验是指对与特定证书有关项目进行总的检查以确保其处于良好状态，并且符合船舶预定的营运业务的要求。其检验范围包括：证书检查、船舶及其设备的足够程度的目测以及为确定其保持良好状态而进行的某些试验；目测以确认对船舶及其设备没有做过未经认可的变更；如果对船舶或其设备的状态的保持有疑点时，则有必要进行进一步的检查和试验。

(3)中间检验

中间检验是指对与特定证书有关的指定项目进行检验以确保其处于良好状态，并且符合船舶预定的营运业务。其检验范围包括：年度检验项目；对某些指定的项目进行详细检查，以确定结构、机械和设备处于良好状态。

(4)换证检验(特别检验)

换证检验是指在船舶证书到期之前，对与特定证书有关的项目进行检验，以确保其处于良好状态，适合船舶预定的营运业务，并颁发一张新证书。换证检验的范围：对结构、机械和设备的检验以及必要的试验，以确保其满足与特定证书有关的要求，且其结构、机械和设备处于良好状态，并符合船舶所从事的营运业务的要求；换证检验还包括核查所有证书、记录簿、操作手册以及特定证书所要求的其他须知和文件是否都已放置于船上。

(5)船底外部检查(坞内检验)

船底外部检查是指对船舶水下部分和有关项目进行的检查，以确保其处于良好状态，并且适合船舶预定的营运业务。其检查范围为：对船舶水下部分的外板及设备等有关项目进行检验，船底外部检查通常在船坞内或船台上进行。

(6)附加检验(临时检验)

附加检验是指在因事故而进行的修复之后或进行了任何重要修理或更新之后，或在某些情况下，根据具体情况进行一次普遍或部分检验。附加检验是船舶在某种情况下需要进行的临时检验。附加检验一般仅对船方所申请的有关项目进行检查，但对展期进行的临时检验，检验内容由验船部门视具体情况而定。主要有以下几种情况：船舶改变航区或用途，例如临时装运危险品或非客船临时载客等；发生机损、海损事故；要求证书展期；变更船名、船籍港、船舶所有人等；其他原因影响船舶航行安全时。

(三) 公证检验

公证检验是指船舶检验机构接受申请人的申请，站在公正的立场上对某种情况进行鉴定，并出具证明的一种检验。检验机构完成公证检验后出具的检验报告可作为交接、计费、索赔及海事仲裁行为的有效凭证。与入级检验和法定检验不同，公证检验没有固定的检验时间和检验项目上的要求，一般在发生事故或纠纷后，受相关当事人的委托由船舶检验机构确定船舶事故原因、损坏部位及范围等。另外，船舶的起、退租检验，保修项目检验，船舶买卖核价及核定废钢船钢铁重量等也属于公证检验。

三、检验与发证协调系统

各类国际公约和规则都要求主管机关对船舶进行法定检验并颁发证书以证明船舶符合相应的要求，但这些公约和规则对检验和发证的要求并没有做到协调一致，这样很可能会导致有些船舶在完成一个公约要求的检验后，发现另一个公约要求的检验证书即将到期，因此不得不重新安排下一次检验，这将给船舶的运营带来极大的影响。为此，国际海事组织制定了检验与发证协调系统(Harmonized System of Survey and Certification, HSSC)。

HSSC 解决问题的办法是，船舶在进行下一次检验时，将几个公约要求的检验同时完成，各种公约证书的有效期一律协调为 5 年(客船除外)，这样就不会出现上述情况。HSSC 是通过 1974 年 SOLAS 公约 1988 年议定书(2000 年生效)引入的，进而成为强制性的要求。

第二节　我国的船舶检验

一、我国的船舶检验机构

自 1760 年世界上第一个船舶检验机构——劳氏船级社成立时起，船级社便是从事船舶与海上设施入级服务的独立、公正的组织。根据国际船级社协会(International Association of Classification Societies, IACS)的阐述，船级社应该与船舶和海上设施的设计、建造、买卖、营运、管理、保养、维修、融资、保险、租赁组织之间没有任何商业关系。船级社的职责为：通过技术支持、符合性确认和研究开发制定规范，促进船舶与海上设施安全和环境保护；提供船舶、造船、海上开发、相关工业产品制造业、保险、金融以及其他有关业界普遍接受和认可的合理标准(即入级规范)，并依照此规范，在船舶设计中进行审图、在建造中和建造后进行检验，以确认船舶符合入级规范的要求，并独立签发入级证书；同时，船级社接受船旗国政府的授权，按照船旗国政府的要求进行法定服务，以确认船舶满足国际公约或船旗国法规的要求，并签发法定证书。

(一) 中国船级社

中国船级社的历史可以追溯到 1956 年成立的中华人民共和国船舶登记局，1958 年改名为中华人民共和国船舶检验局(以下简称船检局),隶属于交通部。1986年中国船级社成立,与船检局实行"一个机构、两块牌子",即同一机构对内以船检局的名义负责船舶检验与管理,对外以船级社的名义开展交流与合作。1988年中国船级社加入IACS,成为国际上最具权威的船级社之一。1998年,我国水上交通安全监督体制改革,船检局与船级社"政企分离、局社分开",承担政府职能,负责船舶检验管理的船检局与原交通部港务监督局合并成立中国海事局,中国船级社成为隶属于交通部的专门从事船舶与海上设施检验及相关技术服务的事业单位。

《船舶和海上设施检验条例》(国务院1993年第109号令)第4条规定:"中国船级社是社会团体性质的船舶检验机构,承办国内外船舶、海上设施和集装箱的入级检验、鉴证检验和公证检验业务;经船检局(现为海事局)授权,可以代行法定检验。"在中国船级社制定的《钢质海船入级规范》等系列文件中,中国船级社被定义为由中国有关法律授权的、经法律登记注册的、从事船舶入级服务与法定服务等的专业技术机构(组织)。中国船级社主要承担国内外船舶、海上设施、集装箱以及相关工业产品的入级服务、鉴证检验、公证检验和经中国政府、外国(地区)政府主管机关授权执行法定检验服务等具体业务,以及经有关机关核准的其他业务。

中国船级社是我国唯一从事船舶入级检验业务的专业机构,是IACS十三家正式会员之一,其余十二家分别是:美国船级社(American Bureau of Shipping,ABS);法国船级社(Bureau Veritas,BV);挪威船级社(Det Norske Veritas,DNV);德国劳氏船级社(Germanischer Lloyd,GL);韩国船级社(Korean Register of Shipping,KR);英国劳氏船级社(Lloyd's Register of Shipping,LR);日本海事协会(Nippon Kaiji Kyokai,NK);意大利船级社(Registro Italiano Navale,RINA);俄罗斯船级社(Russian Maritime Register of Shipping,RS);波兰船级社(Polski Rejestr Statkow,PRS);克罗地亚船舶登记局(Croatian Register of Shipping,CRS);印度船级社(India Register of Shipping,IRS)。

中国船级社设有128个服务网点,覆盖国内外主要港口,形成了遍布亚洲、欧洲、美洲、非洲、大洋洲的全球服务网络。截至2023年,中国船级社接受了包括我国政府在内的60个国家或地区的政府授权,为悬挂这些国家或地区旗帜的船舶代行法定检验。

(二)其他船舶检验机构

除了中国船级社,交通运输部直属的从事法定检验业务的船舶检验机构还包括黑龙江船舶检验局、广东省船舶检验局。另外,我国还有各省、自治区、直辖市设立的从事法定检验业务的船舶检验机构。

二、我国的船舶检验管理

(一)船舶检验主管机关及其管理职责

根据《海上交通安全法》《内河条例》《船舶和海上设施检验条例》等的规定,中国海事局是负责船舶和水上设施检验的主管机关。

中国海事局关于船舶检验的主要职责有:负责船舶、水上设施检验行业管理以及船舶适航和船舶技术管理;管理船舶及水上设施法定检验、发证工作;审定船舶检验机构和验船师资质、审批外国验船组织在华设立代表机构并进行监督管理;负责渔业船舶检验监督管理和行业指导等。

为加强管理,交通运输部海事局分别在上海、武汉、大连、天津和广州设立船舶检验管理处,主要负责辖区内船舶检验质量和行为规范的监督管理,验船机构资质认可及管理,验船人员资质认可发证及管理,受理验船工作投诉,参与海损事故调查,协调各船舶检验机构之间的关系等。各检验管理处的管辖区域如表4-2所示。

表4-2 各船检管理处及其管辖区域一览表

机构名称	管辖区域
大连船检管理处	辽宁、吉林、黑龙江
天津船检管理处	天津、河北、山西、内蒙古、山东、河南、陕西、甘肃、宁夏、新疆、青海
上海船检管理处	上海、江苏、浙江
广州船检管理处	广东、广西、福建、海南
武汉船检管理处	湖北、湖南、安徽、江西、四川、重庆、云南、贵州

（二）船舶检验机构资质及验船人员管理

根据《船舶检验管理规定》(交通运输部令 2016 年第 2 号),国内船舶检验机构按照 A、B、C、D 四类从事船舶法定检验。A 类船舶检验机构可以从事包括国际航行船舶、国内航行船舶、水上设施、船运货物集装箱和相关船用产品的法定检验;B 类船舶检验机构可以从事国内航行船舶的法定检验和相关船用产品的法定检验;C 类船舶检验机构可以从事内河船舶的法定检验;D 类船舶检验机构可以从事内河小型船舶,以及封闭水域内船长不超过 30 米、主机功率不超过 50 千瓦的货船和船长不超过 30 米、主机功率不超过 50 千瓦的客船的法定检验。

《中华人民共和国验船人员适任考试、发证规则》(交海发〔2001〕199 号)规定,验船人员须持有适任证书,其从事验船的业务对象分为以下七类:(1)国际航行海船;(2)沿海航行海船;(3)内河船舶;(4)海上设施;(5)沿海小型船舶;(6)内河小型船舶;(7)船用产品、设备、集装箱。职务级别分为助理验船师、验船师和高级验船师三个等级。各等级的验船师的职责范围详见规则。

第五章　船舶登记

第一节　概　述

一、船舶登记的概念

船舶登记是指赋予船舶以国籍、权利与义务的行为,即对船舶享有某种权利的人,向国家授权的船舶登记机关提出申请并提交相应的文件,经船舶登记机关审查,对符合法定条件的船舶予以注册,并以国家的名义签发相应证书的法律事实。当前世界各国法律都规定船舶必须登记。

船舶登记在法律上具有双重功能,一是登记的公法功能,即船舶通过登记取得一国国籍、悬挂登记国的国旗航行,并受船旗国的管辖和约束;二是登记的私法功能,通过登记确定和公示船舶的所有权、抵押权、债务关系及光船租赁权等。因此,各国都针对船舶登记制定了相关法律法规,如我国的《海上交通安全法》《海商法》《船舶登记条例》等。船舶登记具有以下意义:

(1)船舶登记是一项法律行为。船舶所有人建造、购买或以其他方式合法拥有船舶后,必须在规定的时间内,持相关证明文件(如建造批准书、买卖合同、转让书、继承书等)到船舶登记机关办理登记手续。登记的内容包括船舶的名称、种类、用途、营运性能(如尺度、吨位、结构特点、主机类型、功率)和船舶所有权状况及债权债务状况等。登记机关审核后,对符合条件的船舶予以登记,颁发船舶国籍证书或登记证书,批准船舶取得本国国籍和悬挂本国国旗航行的权利,确定国家与船舶之间存在联系;确认船舶存在的地位和所享受的权利,确定船舶与有关各方的关系及所承担的义务。我国《海商法》规定,船舶所有权的取得、转让和消灭,船舶抵押权的设定,应当登记;未经登记,不得对抗第三人。

(2)实行船舶登记制度是国家保障海上安全的一种有效措施。船舶所有人申请船舶国籍时,必须提交船舶检验机构签发的各种安全、保安和防污染技术证书,只有该船的各项技术证书齐备、有效并证明其构造和设备等条件达到一定的技术标准后才准予登记,从而为海上安全提供一定程度的保障。我国《海上交通安全法》第 10 条和《内河条例》第 6 条均规定,船舶通过登记取得船舶国籍证书或登记证书,是船舶取得航行资格的必备条件之一。

(3)船舶登记是主管机关对船舶进行安全监督管理、管辖和控制的一种手段。我国《船舶登记条例》第 1 条明确规定,制定该条例的目的之一是加强国家对船舶的管理。通过登记,国家能够掌握本国船舶的种类、吨位、船龄等基础信息和数据,进而制定和调整法规政策;通过登记,主管机关能够建立起与船舶及其所有人、经营人、管理人等之间的联系,才能够对其进行有效的监管。

(4)对于船舶所有人来说,通过登记可以享受登记国提供的各种优惠政策。大多数国家出于主权、安全、利益或保护本国航运业等方面的考虑,对本国国内及沿海的航运一般都限制外轮参与;同时,为了发展本国航运业,都针对国旗船队制定一些优惠政策,如低息贷款造/买船、各种税费优惠、指定运输经营权等。另外,国家之间缔结的双边或多边贸易协定中往往也会指定由悬挂哪国国旗的船队来完成运输。船舶所有人可以通过将船舶登记到某个国家悬挂该国国旗航行来达到享受该国航运优惠政策的目的。

二、有关船舶登记的国际公约

船舶登记制度历史悠久,公元前 3 世纪的《罗德海法》就规定了国家对海洋及航行其上的船舶拥有管理权。船旗国管辖理论,即任何国家在公海上的管辖权仅限于它自己的船只和国民,标志着船籍制度的进一步发展和完善。

随着世界航运业的不断发展,各国纷纷制定了各自有关船舶登记的法规,联合国成立后,涉及船舶登记的国际公约也随之产生,主要有以下几个:

(1)《1958 年日内瓦公海公约》第 5 条明确规定:“每个国家应确定对船舶给予国籍、船舶在其领土内登记以及船舶悬挂本国旗帜的权利的条件。船舶具有被授权悬挂其旗帜的国家的国籍。国家和船舶之间必须具有真正的联系,特别是,一国必须对悬挂其国旗的船舶有效地行使行政、技术及社会事项上的管辖和控制。”这一规定阐明了船舶登记的性质及意义。

(2)《联合国海洋法公约》沿用了《1958 年日内瓦公海公约》的部分原则与内容,其第七部分——“公海”中的一些规定,如第 90 条航行权、第 91 条船舶的国籍、第 92 条船舶的地位和第 94 条船旗国的义务等,都建立在船舶国籍登记的基础上。

(3)由于前两个重要的海洋公约并没有统一准予船舶登记的条件,形成了各国船舶登记条件的差异,《1986 年联合国船舶登记条件公约》试图制定统一的船舶登记条件。虽然该公约重申了船舶与船旗国之间应具有“真正联系”,规定了相对比较完整的船舶登记条件,但是该公约对船舶所有权与船员配备等关键要素的规定仍是不明确的,至今尚未达到生效条件。

三、船舶登记的类别

依据不同的标准,船舶登记可有以下几种分类:

(1)以登记的法律性质区分,船舶登记分为船舶物权登记和航行权登记,其中船舶物权登记还包括船舶所有权登记、船舶抵押权登记和船舶光船租赁权登记。

船舶所有权登记是对船舶物权的取得、转移和消灭进行登记，以登记方公示确权，并产生对抗效力。

船舶抵押权登记是指将船舶作为担保物而被设定抵押权时，由抵押人和抵押权人共同向船舶登记机关申请办理的一种登记，船舶抵押权登记同样可以起到公示和对抗第三方的作用。

船舶光船租赁权登记是对船舶所有人和承租人在租赁关系中各自权利和义务的登记。租赁权登记既是对抗第三方的条件，也是租赁法律关系成立的条件。船舶光船租赁权登记对船舶所有权基本不产生影响，主要指占有权和使用权的转移。

船舶国籍，即船舶所有人按一定的国家船舶登记规定进行登记，取得该国签发的国籍证书，悬挂该国国旗航行，使船舶隶属于登记国的一种法律上的身份。船舶国籍证书是船舶国籍法律上的证明；船舶悬挂的国旗，亦称为船旗，是该船国籍的外部象征或标志。船舶国籍表明该船与登记国有了法律上的隶属关系。船舶办理登记的港口称为船籍港，通常标识于船尾处船名的下方。《联合国海洋法公约》规定，对于无海岸和无港口的国家来说，船舶在该国领土的某一地点进行登记，该地点即为船舶的登记港或船籍港。

根据国际法的准则和《联合国海洋法公约》的规定，船舶不能同时在两个或两个以上的国家登记，不能具有双重国籍，不能悬挂两个或两个以上国家的国旗航行。《联合国海洋法公约》第 92 条规定："悬挂两个或两个以上国家的国旗航行并视方便而换用旗帜的船舶，对任何其他国家不得主张其中的任一国籍，并可视同无国籍船舶。"无国旗或拒绝展示国旗的船舶在公海上通常被认为是海盗船或黑船，任何国家的飞机或军舰均可予以拦截或登船检查；任何国家均可对该船行使权力。

未经登记擅自悬挂一国国旗，伪造文件悬挂一国国旗或假冒国籍悬挂一国国旗，在国际上通常被认为是犯罪行为。

（2）以登记的目的区分，船舶登记可分为取得登记、变更登记、注销登记。取得登记是指为取得某项权利而进行的登记；变更登记是为变更原登记内容而进行的登记；注销登记则是为消灭某项权利而进行的登记。

（3）以登记的有效期限区分，船舶登记可分为常规登记和临时登记。这种分类方法只涉及船舶国籍登记，因为在船舶各种登记中明确限定有效期限的仅有国籍登记。船舶国籍的常规登记是指船舶满足国籍登记的一般条件而进行的登记，常规登记后获得的船舶国籍证书的有效期限较长，我国规定为五年。临时登记是指在特殊情况下，如从境外购买、建造船舶或从境外光船租进船舶、境内异地建造船舶等，需在部分条件不满足时为船舶办理临时国籍登记，给予其短期的航行权。临时国籍证书的有效期限最长不超过两年，有的临时国籍证书有效期甚至只有一个航次。

（4）以登记的条件区分，船舶登记可分为严格登记、开放登记和介于两者之间的半开放登记。

第二节 船舶登记条件与制度

一、船舶登记条件

船舶登记条件通常是针对船舶国籍登记而言,是指各国准予船舶在本国登记、授予其国籍和船旗时规定的条件。船舶登记条件的概念源自《1958年日内瓦公海公约》,其第5条规定:"每个国家应确定对船舶给予国籍、船舶在其领土内登记以及船舶悬挂本国旗帜的权利的条件。……国家和船舶之间必须具有真正的联系。"《联合国海洋法公约》沿用了该规定和原则,但也没有解释登记条件的具体含义。《1986年联合国登记条件公约》对"真正联系原则"做出了三项规定:(1)经济上的联系,即在船舶所有权问题上,船旗国有资金参与;(2)国籍上的联系,即船旗国应配备本国船员在其船上工作;(3)管理上的联系,即在船旗国国内船公司应至少有其代表或管理人。但各国对这些规定的理解并不一致,该公约也没有达到生效条件。目前,船舶登记条件完全由各国自行规定。

虽然各国规定的船舶登记条件各不相同,但归纳起来,船舶登记条件的内容主要涉及以下三个方面:(1)规定本国资本在船公司中所占比例;(2)规定本国船员在申请登记的船上所占比例;(3)规定船公司在本国须设有经营场所、办事处或代理人。

二、船舶登记制度

根据各国的船舶登记条件,船舶登记制度可分为严格登记制度、开放登记制度和半开放登记制度。

(一)严格登记制度

严格登记制度是指至少对船舶登记条件的某一方面内容做出了严格规定的登记制度。例如,英国《1995年商船航运法》规定:"在英国登记的船舶所有人必须是英国国民、英属地公民、英侨民或欧盟共体国民并在英国有投资的人员……,悬挂英国国旗船舶的船员必须为英国公民或欧盟、欧共体成员国国籍。"希腊规定,只要保证本国资本在船公司中占50%,船长和75%以上船员为希腊人即准予登记。

我国的《船舶登记条例》规定:"中国籍船舶上的船员应当由中国公民担任……对于依我国法律设立的中外合资或合作公司,且主要营业所在地在我国境内的船舶的登记,该公司的注册资本中,中方投资人的出资不少于50%。"像我国这种对船舶登记条件的三方面内容都做出了严格规定的等级制度,基本上排除了外国资本、船公司和船员进入本国航运市场的可能,因此,这种登记制度也被称为封闭登记制度。

严格登记制度也称为正常登记制度、传统登记制度,世界上绝大多数国家实行的都是严格登记制度,这种制度与《联合国海洋法公约》的原则一致,能够保证船旗国与船舶之间具有真正的联系。

（二）开放登记制度

开放登记制度是指某一国家的船舶登记对所有国家开放，并且对船舶登记条件的三方面内容都没有做出任何限制性要求的登记制度。由于取得实行开放登记制度的国家的船旗比较方便快捷，因此这些国家的国旗在航运领域被称为"方便旗"（Flag of Convenience, FOC）。实行船舶开放登记制度的国家有巴拿马、利比里亚、洪都拉斯、巴哈马、塞浦路斯等。

（三）半开放登记制度

半开放登记制度也称为第二船舶登记制度，是指实行传统登记制度的国家，在不改变原有登记制度的前提下，面向本国船东新设的与方便旗制度类似的另外一种登记制度。实行第二登记制度的国家就是为了与实行开放登记制度的国家竞争。第二船舶登记制度有海外（离岸）登记制度或国际登记制度两种形式。海外（离岸）登记制度是指传统登记制度国家在其海外的领地或属地建立海外登记处，实行一套与本土不同的、类似开放登记的制度。例如，英国先后在马恩岛、开曼群岛设立海外登记制度，允许船东悬挂英国国旗，对船舶所有权和船员配备等的要求也比本土的登记制度宽松。法国、葡萄牙、荷兰等国也都在各自的领地或属地实行海外登记制度。国际登记制度与海外登记制度类似，只是将登记处设在本土而非海外。挪威、丹麦、瑞典、德国等国家都设立了国际登记制度。

值得一提的是，某些国家的登记制度在光船租赁时，会产生双重登记（Dual Register），是指船东把船舶光船租给外国船东并悬挂该国国旗后，不取消原有的登记。例如巴拿马、利比里亚等国家，在船东提供光船租赁合同的情况下，允许已在本国登记的船舶未经注销而在其他国家登记，也允许已在其他国家登记的船舶未经注销而在本国登记。但双重登记会导致船舶具有双重国籍，这是与《联合国海洋法公约》的规定相违背的。

三、我国的船舶登记法规

（一）海上交通安全法

我国的《海上交通安全法》第 10 条规定："船舶依照有关船舶登记的法律、行政法规的规定向海事管理机构申请船舶国籍登记、取得国籍证书后，方可悬挂中华人民共和国国旗航行、停泊、作业。"

（二）海商法

我国的《海商法》第 5 条规定："船舶经依法登记取得中华人民共和国国籍，有权悬挂中华人民共和国国旗航行。"第 9 条规定："船舶所有权的取得、转让和消灭，应当向船舶登记机关登记；未经登记的，不得对抗第三人。"第 13 条规定："设定船舶抵押权，由抵押权人和抵押人共同向船舶登记机关办理抵押权登记；未经登记的，不得对抗第三人。"

（三）船舶登记条例

为了加强国家对船舶的监督管理，保障船舶登记有关各方的合法权益，国务院于1994 年 6 月 2 日发布国务院令 155 号，自 1995 年 1 月 1 日起实施《船舶登记条例》，2014 年 7 月 29 日经《国务院关于修改部分行政法规的决定》（中华人民共和国国务院令第 653 号）

修正。《船舶登记条例》规定了总则,船舶所有权登记,船舶国籍,船舶抵押权登记,光船租赁登记,船舶标志和公司旗,变更登记和注销登记,船舶所有权登记证书、船舶国籍证书的换发和补发、法律责任的具体要求。

(四)《船舶登记办法》

为了进一步规范船舶登记行为,交通运输部根据《海上交通安全法》《物权法》《海商法》《船舶登记条例》等法律、行政法规,制定了《船舶登记办法》,以交通运输部令 2016 年第 85 号发布,自 2017 年 2 月 10 日起实施。《船舶登记办法》细化和规范了总则、登记一般规定、船舶所有权登记、船舶国籍、船舶抵押权登记、光船租赁登记、船舶烟囱标志和公司旗登记等方面的规定。

为了落实国家自贸区建设与改革的总体要求,推进国际船舶登记制度创新,促进我国现代化海运船队发展,《船舶登记办法》新增了第八章——"自由贸易试验区国际船舶登记的特别规定",该章共 7 条,规定了国际船舶登记的定义、适用的船舶范围、申请方式、办理程序简化、免予提交的文件等内容。

第六章 口岸检查、船舶安全监督 与港口国监督

第一节 口岸检查

一、概述

对进出港口的国际航行船舶执行口岸检查是国际上通行的做法,虽然各国在执行检查的机构和检查的方式等方面存在一定的差别,但检查的内容不外乎海关检验、移民检查、人员与动植物卫生检疫和船舶适航性监督等方面。

在我国,口岸检查是指海事管理机构、海关和边防检查机关对进出我国开放口岸的国际航行船舶及其所载船员、旅客、货物和其他物品实施的检查。其目的是维护国家主权,检查船舶及其货物的安全状况,防止船舶污染水域;征收关税,防止走私和非法运输;防止人员和动植物传染病传播;防止人员偷渡和维护国境治安。

口岸检查在我国曾经被称为联检,即联合检查,源自 1957 年 11 月 5 日由交通部、总参谋部、外贸部和卫生部联合颁发的《联合检查程序与注意事项》。改革开放后,这些规定已不适应形势的发展,1979 年 3 月 21 日,上述四部委又联合颁发了《关于改进船舶进出口联合检查工作的通知》。随着我国改革开放的扩大与深化以及法律法规的不断完善,特别是在我国加入了《1965 年国际海上便利运输公约》(1995 年 3 月 17 日对我国生效)后,船舶进出口岸的相关检查必须与国际接轨,船舶出入境所需单证、文件和手续等必须与公约的规定一致。在此背景下,国务院于 1995 年 5 月 4 日颁布了《国际航行船舶进出中华人民共和国口岸检查办法》(以下简称《口岸检查办法》),取代了联合检查。2019 年 3 月 2 日,国务院公布的《国务院关于修改部分行政法规的决定》对该办法予以修订。

二、检查的内容

根据《口岸检查办法》,口岸检查的主管机构为港务监督机构(现为海事局)、海关、边防

检查机关(现为国家移民管理局)等部门,在执行口岸检查时,各部门的职责为:

(1)海事局:维护我国沿海水域的国家主权、水上交通安全、防止船舶污染海域、船舶及海上设施监督检查、航海保障等。

(2)海关:依据《中华人民共和国海关法》和其他有关法律、法规,监管进出境运输工具、货物、行李物品、邮递物品和其他物品,征收关税和其他税费,查缉走私和非法运输,编制海关统计和办理其他海关业务;负责实施出入境卫生检疫、传染病监测和卫生监督,负责口岸传染病的预防与控制工作;负责实施出入境动植物及其产品和其他检疫物的检验检疫与监督管理;负责实施出入境交通运载工具和集装箱及容器的卫生监督、检疫监督、卫生除害处理管理工作;负责签发出入境检验检疫证单和标识、封识并进行监督管理。

(3)中华人民共和国出入境边防检查机关(现为国家移民管理局):对出境、入境的人员及其行李物品、交通运输工具及其载运的货物实施边防检查。按照国家有关规定对出境、入境的交通运输工具进行监护。对口岸的限定区域进行警戒,维护出境、入境秩序。

三、检查方式

根据《口岸检查办法》第5条的规定:"船舶进出中华人民共和国口岸,由船方或其代理人依照本办法有关规定办理进出口岸手续。除本办法第十条二款、第十一条规定的情形或者其他特殊情形外,检查机关不登船检查。"

正常情况下,口岸检查是无须检查机关登船检查的,通常由船方的代理在船舶离开上一港后即着手办理相关手续。只有"对来自疫区的船舶,载有检疫传染病染疫人、疑似检疫传染病染疫人、非意外伤害而死亡且死因不明尸体的船舶,未持有卫生证书或者证书过期或者卫生状况不符合要求的船舶,海关应当在锚地实施检疫(《口岸检查办法》第10条第2款)"和"海关对来自动植物疫区的船舶和船舶装载的动植物、动植物产品及其他检疫物,可以在锚地实施检疫(《口岸检查办法》第11条)"这两种情况才需登船检查。

第二节　船舶安全监督

海事主管机关对船舶的安全监督通常只能在船舶停靠港口期间实施,因此,各国主管机关都会利用船舶停港的机会对船舶实施各种监督检查。监督检查的内容主要包括船舶及设备的技术状况、船员的适任能力和劳动保障体系、安全管理体系、保安体系等方面,以督促船员及船舶的相关当事方遵守国际公约、规则和本国法规。

一、船舶安全监督的概念

2016年第十二届全国人大常委会第二十四次会议通过了对《海上交通安全法》的修改,其中第12条将"本国籍国内航行船舶进出港口,必须办理签证"改为"本国籍国内航行船舶进出港口,必须向主管机关报告船舶的航次计划、适航状态、船员配备和载货载客等情况"。2016年11月22日,国内航行海船进出港签证正式取消。

2017年3月1日,国务院修改《内河条例》,将第18条"船舶进出内河港口,应当向海事管理机构办理船舶进出港签证手续"改为"船舶进出内河港口,应当向海事管理机构报告船舶的航次计划、适航状态、船员配备和载货载客等情况"。2017 年 3 月 22 日起,内河航行船舶及进入内河航行海船的进出港签证正式取消。至此,船舶进出港签证制度被船舶进出港报告制度和船舶安全监督制度取代。

根据《船舶安全监督规则》(交通运输部令 2017 年第 14 号,2022 年 9 月 26 日第二次修正),船舶安全监督是指海事管理机构依法对船舶及其从事的相关活动是否符合法律、法规、规章以及有关国际公约和港口国监督(港口国管理)区域性合作组织的规定而实施的安全监督管理活动。船舶安全监督分为船舶现场监督和船舶安全检查。

船舶现场监督,是指海事管理机构对船舶实施的日常安全监督抽查活动。船舶安全检查,是指海事管理机构按照一定的时间间隔对船舶的安全和防污染技术状况、船员配备及适任状况、海事劳工条件实施的安全监督检查活动,包括船旗国监督(Flag State Control,FSC)和港口国监督(Port State Control,PSC)。

二、国际公约关于船旗国监督的要求

船旗国监督是指各国海事主管机关对悬挂本国国旗的船舶实施的监督管理,也是各国海事主管机关履行国际海事公约需承担的一项基本义务。

(1)《联合国海洋法公约》第 94 条——船旗国的义务:"第 1 款:每个国家应对悬挂该国旗帜的船舶有效地行使行政、技术及社会事项上的管辖和控制";"第 3 款:每个国家对悬挂该国旗帜的船舶,除其他外,应就下列各项采取为保证海上安全所必要的措施:(a)船舶的构造、装备和适航条件;(b)船舶的人员配备、船员的劳动条件和训练,同时考虑到适用的国际文件;(c)信号的使用、通信的维持和碰撞的防止。"

《联合国海洋法公约》不但规定了船旗国对悬挂本国国旗的船舶实行管辖和监督的义务,同时规定了监督和管辖的基本内容。

(2)《1974 年国际海上人命安全公约》第 1 条——公约的一般义务:"各缔约方政府承担义务颁布一切必要的法律、法令、命令和规则,并采取一切必要的其他措施,使本公约得以充分和完全实施,以从人命安全的角度确保船舶适合其预定的用途。"

该条款规定了缔约方政府采取必要措施从人命安全的角度确保船舶适合其预定的用途的义务,而对船舶(包括对外籍船舶)实施监督检查是目前各国普遍采取的必要措施之一。

(3)《1973 年国际防止船舶造成污染公约》(MARPOL 公约)第 5 条——证书和检查船舶的特殊规定:"凡按照规则规定需要持有证书的船舶,当其在一缔约方所管辖的港口或近海装卸站时,应接受该缔约方正式授权的官员的检查。"MARPOL 公约的这一条款既是缔约国执行船旗国监督,也是执行港口国监督的法律依据。

(4)《1978 年海员培训、发证和值班标准国际公约》(STCW 公约)第 1 条——公约的一般义务,第 2 款:"各缔约方承担义务颁布一切必要的法律、法令、命令和规则,并采取一切必要的其他措施,使本公约充分和完全生效,以便从海上人命与财产的安全和保护海洋环境的观点出发,保证船上的海员胜任其职责。"

与 SOLAS 公约类似,STCW 公约规定了缔约方采取措施确保船员适任,对船舶(包括对外籍船舶)实施监督检查是目前各国普遍采取的必要措施之一。

（5）《2006 年海事劳工公约》第 5 条——实施和执行责任,第 2 款:"各成员方应通过建立确保遵守本公约要求的制度,对悬挂其旗帜的船舶有效行使管辖和控制,包括定期检查、报告、监督和适用法律下的法律程序。"

以上几部基础性的海事公约都对船旗国监督做出了规定。也就是说,船旗国承担着对悬挂本国国旗的船舶实施安全监督管理的主要责任。

三、船舶进出港报告

根据《船舶安全监督规则》,中国籍船舶在我国管辖水域内航行应当按照规定实施船舶进出港报告。

船舶应当在预计离港或者抵港 4 小时前向将要离泊或者抵达港口的海事管理机构报告进出港信息。航程不足 4 小时的,在驶离上一港口时报告。船舶在固定航线航行且单次航程不超过 2 小时的,可以每天至少报告一次进出港信息。

船舶应当对报告的完整性和真实性负责。船舶报告的进出港信息应当包括航次动态、在船人员信息、客货载运信息、拟抵离时间和地点等。船舶可以通过互联网、传真、短信等方式报告船舶进出港信息,并在船舶航海或者航行日志内做相应的记载。

四、船舶现场监督

根据《船舶安全监督规则》,船舶现场监督的内容包括:(1)中国籍船舶自查情况;(2)法定证书文书配备及记录情况;(3)船员配备情况;(4)客货载运及货物系固绑扎情况;(5)船舶防污染措施落实情况;(6)船舶航行、停泊、作业情况;(7)船舶进出港报告或者办理进出港手续情况;(8)按照相关规定缴纳相关费税情况。

海事管理机构完成船舶安全监督后应当签发相应的船舶现场监督报告,由船长或者履行船长职责的船员签名。

船舶现场监督中发现船舶存在危及航行安全、船员健康、水域环境的缺陷或者水上交通安全违法行为的,应当按照规定进行处置。若发现存在需要进一步进行安全检查的船舶安全缺陷的,应当启动船舶安全检查程序。

五、船舶安全检查

为了充分而有效地履行上述国际公约中船旗国的义务,我国制定和颁布了一系列法律和规则,并采取了一系列必要措施,主要包括船舶检验、登记和安全检查等。其中,船舶安全检查的作用是通过对船舶运营各方面的检查来督促船舶、船员及其所有人、经营人遵守相关法规。为此,我国颁布了多项法律法规对安全检查做出了规定,如《海上交通安全法》第 12 条:"国际航行船舶进出中华人民共和国港口,必须接受主管机关的检查"。《内河条例》第 59 条:"海事管理机构必须依法履行职责,加强对船舶、浮动设施、船员和通航安全环境的监督检查。"

船舶安全检查的内容包括:(1)船舶配员情况;(2)船舶、船员配备和持有有关法定证书文书及相关资料情况;(3)船舶结构、设施和设备情况;(4)客货载运及货物系固绑扎情况;(5)船舶保安相关情况;(6)船员履行其岗位职责的情况,包括对其岗位职责相关的设施、设备的维护保养和实际操作能力等;(7)海事劳工条件;(8)船舶安全管理体系运行情况;(9)法律、法规、规章以及我国缔结、加入的有关国际公约要求的其他检查内容。

六、目标船舶的选择

一些重要的港口每日到港船舶的数量多,停留时间短,而海事机构从事船舶安全监督的人员和工作时间有限。因此,必须合理地选择船舶进行有针对性的监督检查,及时发现及时纠正船舶的安全缺陷,从而发挥海事监管的效用。

目标船舶的选择应当结合辖区实际情况,按照全面覆盖、重点突出、公开便利的原则,依据我国加入的港口国监督区域性合作组织和国家海事管理机构规定的目标船舶选择标准,综合考虑船舶类型、船龄、以往接受船舶安全监督的缺陷、航运公司安全管理情况等,按照规定的时间间隔,选择船舶实施船舶安全监督。

按照目标船舶选择标准未列入选船目标的船舶,海事管理机构原则上不登船实施船舶安全监督,但在国家重要节假日、重大活动期间,或者针对特定水域、特定安全事项、特定船舶需要开展专项检查的情况除外。

七、船舶安全缺陷的处理

安全监督人员应当运用专业知识对船舶存在的缺陷做出判断,并按照有关法律、行政法规或者国际公约的规定,提出下列处理意见:(1)警示教育;(2)开航前纠正缺陷;(3)在开航后限定的期限内纠正缺陷;(4)滞留;(5)禁止船舶进港;(6)限制船舶操作;(7)责令船舶驶向指定区域;(8)责令船舶离港。

实施船旗国监督检查结束后,检查人员签发船旗国监督检查记录簿;实施港口国监督检查结束后,检查人员签发港口国监督检查报告。

第三节　港口国监督

一、港口国监督的产生与发展

按照国际公约的规定,承担船舶安全监督管理的主要责任方是船旗国,但并非所有国家都能严格地履行该职责。由于船舶开放登记制度的存在,许多船舶在悬挂一国国旗后,便不在该船旗国管辖水域内航行,或与船旗国无真正联系;而有些实行开放登记制度的国家既无意愿又无能力对悬挂本国国旗的船舶实施有效的船旗国监督,导致存在大量低于公约标准的船舶。在船旗国无法有效监督船舶的情况下,港口国监督必然成为船旗国监督的补充措施。

港口国监督是指各国海事主管机关对到达本国港口的外国籍船舶实施的监督管理。对船舶实施港口国监督在早期的 SOLAS 公约中就已经做出了规定,但当时对船舶的监督和检查仅限于证书,并没有得到重视。

在 1978 年,西欧的一些国家缔结了"海牙备忘录",要求各缔约国主管机关按照国际劳工组织制定的《商船最低标准公约》的规定对船上的工作和生活条件进行监督检查。然而，就在该公约即将生效时，1978 年 3 月 17 日，一艘悬挂利比里亚国旗的美国油船"阿莫柯·卡迪兹号"在由波斯湾驶往鹿特丹的途中，在英吉利海峡遭遇到大风浪并被海浪击中了舵而导致船舶失控，最后搁浅在距法国南部布列塔尼海岸 5 千米附近的一个岛礁上，造成了溢油 23 万吨的事故。

该事故给法国造成了巨大损失，也引起了公众的强烈反响。1980 年 12 月，法国政府召集西欧、北欧 13 国的部长召开会议，决定对到达欧洲水域的船舶实施更严格的港口国监督，监督的内容也由《商船最低标准公约》的内容扩展为船舶安全与防污染，以禁止低标准船舶在该水域运营，并在会后由工作组起草了新的港口国监督谅解备忘录。1982 年 1 月，欧洲 14 个国家的部长在巴黎签署了该谅解备忘录，即港口国监督的巴黎谅解备忘录（Paris-Memorandum Of Understanding，Paris MOU），1982 年 7 月 1 日巴黎谅解备忘录开始生效，从此，港口国监督便从欧洲率先开展起来。

由于港口国监督能够有力地打击低标准船，国际海事组织决定将港口国监督这一做法推广。继巴黎谅解备忘录后，南美、亚太、加勒比海、地中海、印度洋、西非和中非、黑海和波斯湾等地区相继建立了本区域的港口国监督组织和谅解备忘录，港口国监督的网络已基本覆盖全球可航水域。

二、港口国监督的法律依据

港口国监督的法律依据可分成五类：《联合国海洋法公约》；国际海事组织制定的公约；国际劳工组织制定的公约；谅解备忘录；国家法律法规。

（1）《联合国海洋法公约》第 219 条——关于船只适航条件的避免污染措施规定："在第七节限制下，各国如经请求或出于自己主动，已查明在港口或岸外设施的船只违反关于船只适航条件的可适用的国际规则和标准从而有损害海洋环境的威胁，应在实际可行范围内采取行政措施以阻止该船航行。这种国家可准许该船仅驶往最近的适当修船厂，并应于违反行为的原因消除后，准许该船立即继续航行。"

该条款提出了为防止海洋污染，港口国对船舶进行船舶适航状况的检查及禁止船舶航行的行政措施的概念。

（2）国际海事组织制定的公约主要有：

①1974 年 SOLAS 公约 1988 年议定书附则第Ⅰ章第 19 条——监督规定："每艘船舶，当其在另一缔约方政府的港口时，应受该国政府正式授权的官员的检查。这种控制的目的在于查明按第 12 条或第 13 条所签发的证书是否有效。"

②MARPOL 附则Ⅰ（防止油类污染规则）第 11 条——关于操作要求的港口国监督第 1 款规定："当船舶停靠在另一缔约国港口或近海装卸站时，如有明显理由确信该船船长或船员不熟悉船上主要的防止油污染程序，该船应接受该缔约方正式授权官员根据本附则进行的有关操作要求的检查。"

该公约的附则Ⅱ～Ⅵ都有类似规定。

③1978 年 STCW 公约第 10 条——监督第 1 款规定："除第 3 条所排除的船舶外，船舶在一缔约方的港口时，应受该缔约方正式授权的官员的监督，以核实船上凡公约要求具有证

书的海员均持有证书或适当的特免证明。除非有明显的理由认为证书系骗取的或持证人不是该证书原来所发给的本人,否则此类证书应予承认。"该公约在其附则第Ⅰ/4条还规定了监督程序。

此外,《1966年国际载重线公约1988年议定书》第21条和《1969年国际吨位丈量公约》第12条等都有港口国监督的规定。

(3)国际劳工组织制定的公约:《2006年海事劳工公约》第5条——实施和执行责任第4款:"本公约适用的船舶,当其位于除船旗国以外的成员国的某港口时,可根据国际法受到该成员国的检查以确定其是否符合本公约的要求。"

(4)谅解备忘录:各区域谅解备忘录是该区域各国海事主管机构就港口国监督各事项达成的协议,是执行该区域港口国监督的指导性文件和法律依据。

(5)国家法律法规:各国为了维护本国的海上权益都会制定法规对到达本国的外国籍船舶实施监督检查。《中华人民共和国对外国籍船舶管理规则》第2条规定:"在中华人民共和国港口和沿海水域航行的外国籍船舶(以下简称船舶)应遵照本规则以及中华人民共和国一切有关法令、规章和规定。中华人民共和国政府设置在港口的港务监督认为有必要对船舶进行检查时,船舶应接受检查。本规则所称沿海水域是指属于中华人民共和国的内水和领海以及国家规定的管辖水域。"

三、主要的港口国监督组织

(一)巴黎谅解备忘录(Paris MOU)

1.成员及监督范围

巴黎谅解备忘录是最早成立的区域性港口国监督组织,其成员由最初的14国发展到现在的28国,分别是比利时、保加利亚、加拿大、克罗地亚、塞浦路斯、丹麦、爱沙尼亚、芬兰、法国、德国、希腊、冰岛、爱尔兰、意大利、拉脱维亚、立陶宛、马耳他、黑山、荷兰、挪威、波兰、葡萄牙、罗马尼亚、俄罗斯、斯洛文尼亚、西班牙、瑞典、英国。

2.目标、基本原则和成员国的义务

巴黎谅解备忘录的目标是通过协调的港口国监督系统消除低标准船在该区域的运营。基本原则是:遵守国际公约的首要责任在于船东,保证船舶遵守公约的责任在于船旗国。

成员国的义务:(1)每个主管机关应实施备忘录及其附则的规定。(2)每个主管机关应维持有效的港口国监督系统,对船旗无歧视,使到达其港口或在港口锚地锚泊的外国船舶符合有关国际公约的标准。(3)每个主管机关对到达其港口或锚地的外国商船按照优先级执行检查。每个主管机关对处于优先级Ⅰ和优先级Ⅱ的外国商船所进行的年度检查应达到一定的数量,但应避免为了完成年度检查任务,抽查本来不需要检查的船舶。(4)每个主管机关应与其他主管机关协商、合作和交换信息,以促进目标的实现。(5)备忘录中的所有内容不能妨碍主管机关在其管辖范围内对相关公约规定的内容采取措施的权利。

3.选船原则

通常受检查人员数量、船舶停港时间等条件所限,海事机构不可能对所有到港船舶实施

港口国监督,只能选择一部分船舶进行检查。海事机构一般先设置一系列选船原则,赋予这些选船原则一定的优先顺序或权重值,根据某种算法设计成选船信息系统。在输入船舶的信息后,系统能够计算出该船的目标因素值,目标因素值越高,被检查的可能性越大。

巴黎谅解备忘录的选船原则:(1)首次到达或经12个月或更长时间后再次到达港口的船舶;(2)以往6个月未被成员国检查的船舶;(3)船龄、所悬挂的船旗、船级证书;(4)该船旗国3年的滚动滞留率是否超过地区平均滞留率;(5)上次检查时发现的缺陷情况等。

但对于下列船舶,不管其目标因素如何,都将被优先检查:(1)被引航员或港口当局报告存在影响航行安全的缺陷的船舶。(2)未遵守欧盟相关法案的船舶。(3)其他成员国组织通知应检查的船舶。(4)被下列人员或组织举报的船舶:船长、船员,其他与船舶安全、防污染和船上生活工作条件有关的人员和组织。(5)如下船舶:进入港口前曾发生碰撞、搁浅事故的;被指控违反规定排放有毒物质的;违反有关航行规定,以不安全的方式航行的;可能对船上人员、财产、环境造成危险的。(6)由于安全原因在前6个月内被取消船级的船舶。

4. 黑名单(Black List)/灰名单(Grey List)/白名单(White List)

巴黎谅解备忘录实行黑名单/灰名单/白名单制:如果某船旗国连续3年的滚动滞留率超过地区平均滞留率,则悬挂该国国旗的船舶将被列入"黑名单",成为重点检查对象,将受到更为频繁、更为严格的检查;相反,如果某船旗国进入白名单,将会享受免检的待遇;灰名单上的国家为介于黑名单和白名单之间的船旗国,可检可不检。

(二)东京谅解备忘录(Tokyo MOU)

1. 成员及监督范围

东京谅解备忘录于1994年4月1日起生效,现在成员由最初的18个国家和地区的海事机构发展成22个,分别是:澳大利亚、加拿大、智利、中国、斐济、中国香港地区、印度尼西亚、日本、韩国、马来西亚、马绍尔群岛、墨西哥、新西兰、巴拿马、巴布亚新几内亚、秘鲁、菲律宾、俄罗斯、新加坡、泰国、瓦努阿图、越南。东京备忘录的监督范围为亚洲-太平洋区域;其基本原则与巴黎备忘录类似,也实行黑名单/灰名单/白名单制。

东京谅解备忘录监督的目标是尽量使该区域每年接受检查的船舶的数量达到该区域所有运营船舶数量的80%。

2. 选船原则

东京谅解备忘录按照船舶的类型、船龄、船旗国在备忘录的黑灰白名单中的位置、船级社、船公司、过往的缺陷记录和滞留次数等指标制定了选船机制。某船按照该机制计算得出的分值(即目标因素分值)越高,则被选中接受检查的可能性越大。

不论船舶目标因素分值如何,有下列情况的船舶将被作为优先检查的对象:(1)被另一主管机关通报过的船舶;(2)被船长、船员或任何与船舶安全、船上生活和工作环境或防止污染方面有合法权益的个人或组织举报过的船舶,除非主管机关确信该举报是无事实依据的;(3)要求在规定期限内消除缺陷的船舶;(4)被引航员或港口当局举报存在影响其安全航行的缺陷的船舶;(5)装载具有危险性或污染性货物时,未向港口或沿岸国主管机关报告有关船舶细节、动态,所载货物具有危险性与污染性的船舶;(6)委员会不定期公布的优先检查的船舶类型。

(三)美国海岸警备队

美国海岸警备队对外国籍船舶的监督检查比巴黎谅解备忘录组织还要早,从 20 世纪 70 年代起,美国海岸警备队就按照其国内的法规和标准对到达其港口的外国船舶实施港口国监督。

美国海岸警备队并不是任何一个港口国监督组织的成员,其作为观察员参加了巴黎谅解备忘录组织和东京谅解备忘录组织;按照本国法规实施港口国监督;与巴黎谅解备忘录组织类似,按照船舶记分法(Boarding Priority Matrix)选择待检船舶并实行黑名单制。

(四)其他区域性港口国监督组织

1. 拉丁美洲港口国协议(Viña del Mar Agreement)

拉丁美洲港口国协议于 1992 年 11 月 5 日签署,现有 16 个成员,分别是阿根廷、玻利维亚、巴西、智利、哥伦比亚、古巴、厄瓜多尔、萨尔瓦多、危地马拉、洪都拉斯、墨西哥、巴拿马、秘鲁、多米尼加、乌拉圭、委内瑞拉。

秘书处设在阿根廷海岸警备队,所在地为布宜诺斯艾利斯。

2. 加勒比海备忘录(Caribbean MOU)

加勒比海备忘录于 1996 年 2 月 9 日签署,现有 20 个成员,分别是:安提瓜和巴布达、阿鲁巴、巴哈马、巴巴多斯、伯利兹、百慕大、开曼群岛、古巴、库拉索岛、法国、格林纳达、圭亚那、牙买加、荷兰、圣基茨尼维斯、圣卢西亚、圣文森特和格林纳丁斯、圣马丁、苏里南、特立尼达和多巴哥。

秘书处所在地为巴巴多斯的克莱斯特彻奇。

3. 地中海备忘录(Mediterranean MOU on PSC)

地中海备忘录签署于 1997 年 7 月 11 日,现有 10 个成员国,分别是:阿尔及利亚、塞浦路斯、埃及、以色列、约旦、黎巴嫩、马耳他、摩洛哥、突尼斯、土耳其。

秘书处所在地为埃及的亚历山大。

4. 印度洋备忘录(Indian Ocean MOU)

印度洋备忘录签署于 1998 年 6 月 5 日,现有 20 个成员,分别是:澳大利亚、孟加拉国、科摩罗、厄立特里亚、法国(团圆岛)、印度、伊朗、肯尼亚、马达加斯加、马尔代夫、毛里求斯、莫桑比克、缅甸、阿曼、塞舌尔、斯里兰卡、南非、苏丹、坦桑尼亚、也门。

秘书处所在地为印度果阿。

5. 西非和中非备忘录(Abuja MOU)

西非和中非备忘录签署于 1999 年 10 月 22 日,现有 20 个成员国,分别是:安哥拉、贝宁、喀麦隆、佛得角、刚果、刚果民主共和国、科特迪瓦、赤道几内亚、加蓬、冈比亚、加纳、几内亚、几内亚比绍、利比里亚、尼日利亚、圣多美和普林西比、塞内加尔、塞拉利昂、南非、多哥。

秘书处所在地为尼日利亚的拉多斯。

6. 黑海备忘录(Black Sea MOU)

黑海备忘录签署于 2000 年 4 月 7 日,现有 6 个成员国,分别是:保加利亚、格鲁吉亚、罗马尼亚、俄罗斯、乌克兰、土耳其。

秘书处设在土耳其的伊斯坦布尔。

7. 海湾地区备忘录(Riyadh MOU)

海湾地区备忘录签署于 2004 年 6 月,现有 6 个成员国,分别是:巴林、科威特、阿曼、卡塔尔、沙特阿拉伯和阿联酋。

秘书处设在阿曼的马斯喀特。

四、港口国监督程序

为了统一港口国监督程序,国际海事组织先后通过了一系列决议,并修改了部分国际公约,对有关的监督条款做了补充和完善。1995 年 11 月,国际海事组织第十九届大会通过了 A.787(19)号决议,制定了港口国监督程序,该决议成为港口国监督的指导性文件。1999 年 11 月,国际海事组织第二十一届大会通过了 A.882(21)号决议,对港口国监督程序进行了修正。各个港口国监督备忘录组织或国家也都有各自的检查程序,但基本上与 A.787(19)的规定是一致的。

港口国监督的程序通常如下:港口国监督检查官(PSC Officer,PSCO)在登船之前,一般要观察船舶外观的总体情况,获得对船舶的最初印象。首先检查证书,然后巡视各层甲板及有关舱室、设备等,从而获得对船舶的实际印象。如果未发现明显依据,检查结束。如果港口国监督检查官发现明显依据,怀疑船舶可能存在严重缺陷,则进行详细检查。如果在详细检查中发现的严重缺陷足以构成滞留,该船将被滞留。船舶纠正缺陷后,申请复查,经港口国监督检查官复查合格后,解除滞留。

对于一般缺陷,港口国监督检查官会给出处理意见,如需复查,经复查合格后,船舶方可开航。

第七章 老旧运输船舶与拆船管理

第一节 老旧运输船舶管理

由于建造和购买新船投入营运需要巨额资金,而购买或租用老旧船舶或二手船舶可极大地降低运营成本,所以,中小航运公司通常都会选择经营老旧船舶。在实际运营的船舶中,老旧船舶的数量也远多于新船的数量。统计表明,随着船龄的增长,船舶事故率呈上升趋势。老旧运输船舶的安全监督管理也是海事主管部门的工作重点之一。

一、我国关于老旧运输船舶的定义

我国交通部颁布的于 2006 年 8 月 1 日起实施的《老旧运输船舶管理规定》(2021 年 8 月 11 日第四次修正),明确了老旧船舶的定义。

船龄是指船舶自建造完工之日起至现今的年限。

老旧运输船舶是指船龄大于以下最低船龄的运输船舶,分为老旧海船和老旧河船。

(一)老旧海船

(1)船龄在 10 年以上的高速客船,为一类老旧海船;(2)船龄在 10 年以上的客滚船、客货船、客渡船、客货渡船(包括旅客列车轮渡)、旅游船、客船,为二类老旧海船;(3)船龄在 12 年以上的油船(包括沥青船)、散装化学品船、液化气船,为三类老旧海船;(4)船龄在 18 年以上的散货船、矿砂船,为四类老旧海船;(5)船龄在 20 年以上的货滚船、散装水泥船、冷藏船、杂货船、多用途船、集装箱船、木材船、拖船、推船、驳船等,为五类老旧海船。

(二)老旧河船

(1)船龄在 10 年以上的高速客船,为一类老旧河船;(2)船龄在 10 年以上的客滚船、客货船、客渡船、客货渡船(包括旅客列车轮渡)、旅游船、客船,为二类老旧河船;(3)船龄在 16 年以上的油船(包括沥青船)、散装化学品船、液化气船,为三类老旧河船;(4)船龄在

18 年以上的散货船、矿砂船，为四类老旧河船；(5)船龄在 20 年以上的货滚船、散装水泥船、冷藏船、杂货船、多用途船、集装箱船、木材船、拖船、推船、驳船(包括油驳)等，为五类老旧河船。

二、主管机关与管理制度

根据《老旧运输船舶管理规定》，交通运输部对全国老旧运输船舶的市场准入和营运进行管理，县级以上地方人民政府交通运输主管部门或者负责水路运输管理的机构(以下统称为水路运输管理部门)实施本行政区域的老旧运输船舶的市场准入和营运管理工作。海事管理机构根据有关法律、行政法规和本规定对老旧运输船舶实施安全监督管理。

国家对老旧运输船舶实行分类技术监督管理制度，对已达到强制报废船龄的运输船舶实施强制报废制度。

分类技术监督管理是指主管机关对从事国际运输的上述不同类型中国籍老旧运输船舶和进出我国港口的达到老旧船舶年限的外国籍运输船舶加强监督检查。老旧船分类技术监督和强制报废的年限如表 7-1 和表 7-2 所示。

表 7-1　海船船龄标准

船舶类别	购置、光租外国籍船船龄	特别定期检验船龄	强制报废船龄
一类船舶	10 年以下	18 年以上	25 年以上
二类船舶	10 年以下	24 年以上	30 年以上
三类船舶	12 年以下	26 年以上	31 年以上
四类船舶	18 年以下	28 年以上	33 年以上
五类船舶	20 年以下	29 年以上	34 年以上

表 7-2　河船船龄标准

船舶类别	购置、光租外国籍船船龄	特别定期检验船龄	强制报废船龄
一类船舶	10 年以下	18 年以上	25 年以上
二类船舶	10 年以下	24 年以上	30 年以上
三类船舶	16 年以下	26 年以上	31 年以上
四类船舶	18 年以下	28 年以上	33 年以上
其中黑龙江水系船舶	18 年以下	33 年以上	39 年以上
五类船舶	20 年以下	29 年以上	35 年以上
其中黑龙江水系船舶	20 年以下	35 年以上	41 年以上

船舶的技术状况随着船龄的增长而逐渐下降，不同类型的船舶受建造技术、材料、工艺、投入运营后的使用与保养、航行环境、事故情况等因素的影响，使用年限有很大的差异。分类技术监督管理制度正是根据我国船舶运营的总体情况，针对不同类型的老旧船，要求"船

舶所有人或者经营人应采取有效措施,加强老旧运输船舶的跟踪管理,适当缩短船舶设备检修、养护检查周期和各种电气装置的绝缘电阻测量周期,严禁失修失养。船舶所有人或者经营人应当按照国家有关规定,向海事管理机构认可的船舶检验机构申请对营运中的老旧运输船舶定期检验。经检验不合格的,不得经营水路运输"。

老旧运输船舶达到特别定期检验船龄,继续经营水路运输的,船舶所有人或经营人应当在达到特别定期检验船龄的前后半年内向海事管理机构认可的船舶检验机构申请特别定期检验,取得相应的船舶检验证书,并报船舶营运证或者国际船舶备案证明书的发证机关备案。经特别定期检验合格、继续经营水路运输的老旧运输船舶,船舶所有人或者经营人应当自首次特别定期检验届满一年后每年申请一次特别定期检验,取得相应的船舶检验证书,并报船舶营运证或者国际船舶备案证明书的发证机关备案。

海事部门对处于不适航状态或者有其他妨碍、可能妨碍水上交通安全的老旧运输船舶,依照有关法律、行政法规的规定禁止其进港、离港,或责令其停航、改航、驶向指定地点。

船舶所有人或者经营人改变老旧运输船舶的用途或航区,必须向海事管理机构认可的船舶检验机构申请临时检验,核定载重线和乘客定额、船舶构造及设备的安全性能,必要时重新丈量总吨位和净吨位。

对于报废船舶,《老旧运输船舶管理规定》第31条明确规定:"禁止使用已经报废的船舶从事水路运输。禁止使用报废船舶的设备及其他零部件拼装运输船舶从事水路运输。"

报废船舶改作趸船、水上娱乐设施以及其他非运输设施的,应符合国家有关规定。由于上述行为仍然涉及水上安全与防污染,海事部门对上述船舶依然负有监督责任。

三、购置、光租、改建老旧运输船舶的有关规定

为了确保水运安全,保护通航环境,《老旧运输船舶管理规定》明确指出:"任何组织和个人不得购置外国籍废钢船从事水路运输,也不得以光船租赁条件租赁外国籍废钢船从事水路运输。超过本规定报废船龄的外国籍船舶不得从事国内水路运输。"

购置外国籍船舶或者以光船租赁条件租赁外国籍船舶从事水路运输,船舶必须符合规定的购置、光租外国籍船舶的船龄要求(见表7-1和表7-2),其船体、主要机电设备和安全、防污染设备等应当符合相关的船舶法定检验技术规则。《老旧运输船舶管理规定》中所称的购置外国籍船舶或者以光船租赁条件租赁的外国籍船舶,包括已经从国外购置或者以光船租赁条件租赁,但尚未在中国取得合法船舶检验证书、船舶国籍证书的外国籍船舶,以及通过拍卖方式购置的外国籍船舶。

船舶检验机构应当严格按照有关船舶法定检验技术规则和《老旧运输船舶管理规定》对购置的外国籍船舶或者以光船租赁条件租赁的外国籍船舶进行检验。

船舶登记机关应当严格按照有关船舶登记规定和《老旧运输船舶管理规定》对购置的外国籍船舶或者以光船租赁条件租赁的外国籍船舶进行登记。

交通运输部和水路运输管理部门应当按国家有关水路运输经营管理规定和《老旧运输船舶管理规定》对经营水路运输的申请进行审核,符合条件的,签发船舶营运证或者国际船舶备案证明书。

关于老旧船的改建,《老旧运输船舶管理规定》要求:"四类、五类船舶不得改为一类、二

类、三类船舶从事水路运输;三类船舶之间不得相互改建从事水路运输;改建一、二、三类老旧运输船舶,应当按运力变更的规定报原许可机关批准。"

改建老旧运输船舶,必须向海事管理机构认可的船舶检验机构申请建造检验。船舶检验机构对改建的老旧运输船舶签发船舶检验证书,应当注明改建日期,但不得改变船舶建造日期。

老旧运输船舶经过改建,与改建前不属于本规定的同一船舶类型的,其特别定期检验船龄、强制报废船龄适用于改建后老旧运输船舶类型的规定。

第二节 拆船管理

每一条船舶到了生命周期的最后阶段,都将要面临被拆解的命运。在航运不景气时,船东为了减轻过剩运力的负担,也会选择将营运中的船舶送去拆解。拆船业被称为"绿色冶金产业",通过合理地拆解废钢船,回收可循环利用的钢材,体现了可持续发展的理念。拆船是具有较高安全风险与污染风险的行业,因此,拆船业的安全监督管理亦是各国海事管理机构工作的重要内容。

一、主要的拆船方式

拆船业主要集中在孟加拉国、印度、巴基斯坦和中国,这四个国家拆解的船舶吨位的总和占全世界拆船总量的90%。常用的拆船方式主要有冲滩拆解、水上拆解和船坞拆解。

(1)冲滩拆解是指船舶趁高潮时全速驶向海滩,待落潮时船舶搁浅在沙滩上再进行拆解的方式。这种拆船工艺对施工场所、设施和劳动力成本的要求相对较低,冲滩拆解产生的废弃物通常被直接排入水中。这种方式对环境造成的污染最为严重,目前南亚地区的孟加拉国、印度、巴基斯坦等国多采用冲滩方式拆船,我国现已明令禁止冲滩拆解的拆船方式。

(2)水上拆解包括离岸水上抛锚拆解和靠泊拆解。离岸水上抛锚拆解是将船锚泊在水上拆船点直接拆解的方式;靠泊拆解是指将船停靠在码头或简易码头、泥坞式船槽进行拆解的方式。水上拆船在拆解技术和工艺、环保设施、劳动保护以及生产效率方面比冲滩拆解有很大的提高,但存在作业难度大、工序设备多、安全隐患多等问题。目前我国拆船业仍主要采用水上拆解的方式。

(3)船坞拆解是指船舶进入拆船船坞进行拆解的方式。这种拆船方式安全环保,但拆船成本高。欧美等发达国家多采用船坞拆解的方式,我国新建的拆船厂也陆续采用这种拆船方式。

二、拆船时产生的问题

拆船行业是国际上公认的最危险的行业之一,拆船工人的伤亡率要远远高于船员。船舶在拆解过程中出现的问题主要有:

(1)废钢船在航行、拖带、进出港操纵时更加困难。即将拆解的废钢船的助航设备的技术性能通常比较差,有些船舶的航行设备甚至已提前被拆除,只剩一个船壳,由拖船拖带航行。这些船舶在驶往拆船地点的过程中，航行操纵困难，易发生事故。

（2）拆船过程中易发生人员伤亡事故。当前拆船主要还是靠人工用电气焊切割船体，在到处都是钢铁的施工现场，如果防护措施不到位，施工人员容易被跌落的部件碰伤甚至导致死亡。另外，拆船时暴露出来的石棉、多氯联苯、重金属和有害材料、噪声等都会对人体产生极大危害。

（3）拆船对环境的污染。拆船产生的污染主要有：由残存的废油、压载水、舱底水、拆解时冲洗产生的废水等引起的水污染，其中压载水中还可能含有外来物种，如细菌、病毒、海藻；由切割废气、电石废气、拆解石棉构件等引起的大气污染；由电石渣、废机油、油泥、石棉等引起的固体废料污染等。

另外，废旧钢材交易时，也会发生走私、偷渡、携带违禁物品等违法行为，以及存在传染疾病的可能，需要有关部门在废船交接时加强监督检查。

三、相关法规

（一）国际公约

拆船作业中的安全、拆船人员的健康与环境保护问题已经引起国际上的广泛关注，相关国际组织已经出台一系列国际公约试图解决这些问题，这些公约主要有：

（1）《IMO 拆船导则》，是国际海事组织于 2003 年 12 月 5 日在第二十三次大会上通过的 A.962(23)号决议。该导则对船舶的各个阶段做出了规定，包括船舶的设计、建造、营运阶段及拆解前的准备阶段，对各个阶段进行管理以降低拆船作业中产生的职业安全健康与造成的环境污染风险。

（2）《ILO 导则》，是国际劳工组织于 2004 年 3 月通过的《拆船业中的安全与健康：亚洲国家及土耳其拆船导则》的简称，该导则关注的重点在于船舶拆解作业中的职业安全与健康管理。

（3）《船舶全部和部分拆解无害环境管理技术导则》（简称《BC 导则》），是 2002 年 12 月 13 日由《控制危险废物越境转移及其处置巴塞尔公约》（简称《巴赛尔公约》）缔约国会议第六次大会以第Ⅵ/24 号决议通过的拆船导则，其重点在于规定船舶拆解作业中的环境无害化管理。

上述三个导则都是非强制性的，而且每个导则的侧重点也不相同。为了全面彻底地解决拆船业所造成的健康、安全及环境保护问题，国际海事组织在上述三个导则的基础上制定了一部关于拆船的强制性公约——《香港公约》。

（4）《香港公约》，是国际海事组织于 2009 年 5 月 11 日至 15 日在香港召开的外交大会审议并通过的《国际安全和无害环境拆船公约》(International Convention for the Safe and Environmentally Sound Recycling of Ships，Hong Kong Convention)。

《香港公约》是一部旨在保证在不影响工人健康安全、船只拆解效率和拆船设备运作的前提下，最大限度实现拆解作业的安全与无害环境的公约，将会在全球范围内为船只拆解和循环再利用提供可行的强制性规则。该公约适用于悬挂缔约国国旗或在其管辖下运营的 500 总吨以上航行于国际航线的船舶，以及缔约国管辖下的拆船设施的管理。该公约不适用于 500 总吨以下,或始终在缔约国管辖水域内航行的船舶以及军舰、海军辅助船舶或政府非商务的船舶。然而,对于不适用公约规定的船舶,公约规定了缔约国应该采取适当的措施,保证这些船舶的拆解尽可能地符合公约的要求。

《香港公约》的生效条件是 15 个签约国在本国和本地区批准该公约;且批准该公约的国家和地区的商船总吨位超过全球商船总吨位的 40%;批准该公约的国家在过去 10 年的船只拆解量总和最大数不少于这些国家和地区商船总吨位的 3%。截至 2023 年年底,该公约尚未达到生效条件。

（二）国内法规

为了规范我国拆船业的发展,国内先后出台了一系列有关拆船的规章规则,主要有:

(1)《防止拆船污染环境管理条例》。该条例由国务院于 1988 年 5 月 18 日发布,同年 6 月 1 日起实施,是针对我国拆船业最早的一部行政法规。该条例由 28 个条文组成,以对拆船业的规范为主,对拆船厂的选址、设置及有关拆解活动做出了规定,并明确由造成环境污染的拆船厂承担相应的法律责任。

(2)《交通部拆解船舶监督管理规则》。该规则由交通部于 1989 年 12 月 23 日发布,于 1990 年 1 月 1 日起实施,目的是"加强对拆解船舶的监督管理,维护水上交通安全,防止水域污染,依据国务院《防止拆船污染环境管理条例》和国家其他有关法律、法规,制定本规则"。

(3)《绿色拆船通用规范》。该规范的制定是为了贯彻《中华人民共和国环境保护法》和《中华人民共和国安全生产法》,规范和引导拆船行业的环境保护行为和安全行为,促使企业在拆船及其相关活动过程中重视环境保护、安全生产和人员健康保护,倡导绿色拆船,实现我国拆船业的可持续发展。国家发改委于 2005 年发布并实施了由中国拆船协会提出的《绿色拆船通用规范》。该规范根据污水排放、危险废物处理及职业健康安全管理等各项国家标准、条例及《巴塞尔公约》等相关规定,分别从环境保护、安全生产、人员健康保障等几方面对拆船企业做了规定。

其他涉及拆船的法规有:物资部于 1990 年 3 月 8 日颁布实施的《拆船安全生产与环境保护工作的规定》;拆船协会于 2004 年 6 月 8 日发布的《防止拆船污染环境技术导则》;国务院于 2009 年 9 月 9 日发布的《防治船舶污染海洋环境管理条例》(于 2018 年 3 月 19 日第六次修订)等。

第八章　船员管理

第一节　概　述

一、船员与船员管理的概念

现行国际海事公约中没有船员的定义,人们习惯于将所有在船上工作的人员统称为船员。广义的船员是指包括船长在内的所有船上任职人员,包括不参与航行值班与货物操作的工作人员,如船上的厨师、客船上的乘务员、科考船上的科学家等,或者说在船上只要不是乘客的所有工作人员都可以被称为船员。有些国家将引航员、钻井平台上的工作人员也视为船员。有些国家对船员的定义不包括船长,船长单独作为一个概念去定义,体现了这一职位的重要性。狭义的船员指的是《1978 年海员培训、考试和值班标准国际公约》(以下简称为 STCW 公约)中定义的,按照公约的规定取得适任证书和培训合格证,负责或参与船舶航行值班与货物操作的船员,包括船长、轮机长、大副、大管轮等高级船员和普通船员。

《STCW 公约马尼拉修正案》中有关船员的定义如下:

船长系指指挥船舶的人。

高级船员系指除船长以外的,根据国家法律或法规所指定,或在没有这种指定时根据集体协议或习惯做法指定为高级船员的船员;甲板部高级船员系指符合本公约规则第Ⅱ章规定的合格的高级船员;轮机部高级船员系指符合本公约规则第Ⅲ/1 条、第Ⅲ/2 条或第Ⅲ/3 条规定的合格的高级船员。

轮机长系指负责船舶机械推进以及机械和电气装置的操作和维护的资深的轮机部高级船员。

大副系指级别仅低于船长并且在船长不能工作时替代船长指挥船舶的甲板部高级船员。

大管轮系指级别仅低于轮机长,并且在轮机长不能工作时替代轮机长负责船舶机械推进以及机械和电气装置的操作和维护的轮机部高级船员。

助理轮机员系指正在接受培训以成为轮机部高级船员并由国家法律或法规指定为助理轮机员的船员。

无线电操作员系指持有主管机关根据《无线电规则》签发或承认的适当证书的人员。全球海上遇险与安全系统（GMDSS）无线电操作员系指符合本公约第Ⅳ章规定的合格的人员。

电子员系指符合本公约规则第Ⅲ/6条规定的合格高级船员。

普通船员系指除船长或高级船员以外的船员。《STCW公约马尼拉修正案》新增的高级值班水手、高级值班机工、电子技工也属于普通船员。

需要注意的是,STCW公约中并没有二副、二管轮、三副、三管轮的定义,各国主管机关可根据本国的习惯做法将高级船员进一步分类。

《船员条例》中船员的定义为:船员是指依照本条例的规定经船员注册取得船员服务簿的人员,包括船长、高级船员、普通船员。

船员有广义与狭义之分,因而船员管理也有广义与狭义之分。广义上的船员管理指的是所有与船员有关的管理行为,包括主管机关对船员队伍的宏观规划、业务指导、政策执行以及船员劳动和社会保障;船员行业协会对船员的服务、监督与规范;公司对船员的培训、派遣、待遇与福利等。狭义的船员管理是船员适任管理的简称,是指海事部门依据本国相关法规和STCW公约,针对船员培训、考试和发证、值班等的行政管理行为,目的是防止因船员因素导致海上事故。

二、船员管理机构

船员管理属于海事管理的一项内容,通常各国海事管理部门亦是本国的船员管理部门,如美国海岸警备队、日本海上保安厅、韩国的海洋水产厅。我国的船员管理机构是交通运输部海事局及其直属海事机构,以及地方海事管理机构。

交通运输部海事局及其直属海事机构船员管理的职责主要有:(1)负责船员、引航员适任资格培训、考试、发证管理;审核和监督管理船员、引航员培训机构资质及其质量体系;负责海员证件的管理工作。(2)负责船员发展和职业保障的管理工作;负责发布船员市场相关信息,指导船员行业组织开展工作,维护船员的合法权益。(3)负责海船船员服务机构和海员外派机构的审核和监督管理;负责海船船员健康体检机构的报备等。

地方海事机构船员管理职责主要是(经授权)负责内河船员、引航员、渡工等培训考试和发证;核验和监督船员培训机构和中介机构资质;负责船员证件的管理。

三、船员管理法规

国际上船员管理的依据主要为STCW公约和《2006年海事劳工公约》,我国加入了这两个公约,为履行公约的义务,我国相继出台了多部有关船员管理的法规。

《海上交通安全法》第13条规定:"中国籍船员和海上设施上的工作人员应当接受海上交通安全以及相应岗位的专业教育、培训。"

2002年《内河条例》第9条规定:"船员经水上交通安全专业培训,其中客船和载运危险货物船舶的船员还应当经相应的特殊培训,并经海事管理机构考试合格,取得相应的适任证书或者其他适任证件,方可担任船员职务。严禁未取得适任证书或者其他适任证件的船员上岗。"

2006年,在国际海事组织和国际劳工组织共同制定了《海事劳工公约》的背景下,我国国务院于2007年3月28日通过了《船员条例》,2007年9月1日起实施(2020年第六次修订)。《船员条例》对船员注册和任职资格、船员职责、船员职业保障、船员培训和船员服务、监督检查等做出了规定。

2010年,国际海事组织通过了《STCW公约马尼拉修正案》,作为代表我国政府履行公约的主管机关,交通运输部陆续修改了相关配套规章,主要有:

(1)2004年8月1日起实施的《中华人民共和国船舶最低安全配员规则》(交通部令2004年第7号),2018年11月28日第二次修正;

(2)2009年10月1日起实施的《中华人民共和国船员培训管理规则》(以下简称《船员培训管理规则》)(交通运输部令2009年第10号令)2019年2月5日第三次修正;

(3)2020年7月6日发布的《海船船员适任考试和发证规则》,2022年4月14日修正;

(4)2012年12月17日发布的《中华人民共和国海船船员值班规则》,2020年7月6日修正。

现行内河船员管理部分的规章主要有:

(1)2015年11月11日发布的《中华人民共和国内河船舶船员适任考试和发证规则》,2020年7月6日修正;

(2)2015年11月11日发布的《中华人民共和国内河船舶船员值班规则》,2020年7月6日修正。

第二节　船员培训管理

STCW公约规定了船员应具备的知识和技能以及对船员培训和发证的标准,《STCW公约马尼拉修正案》为该公约最新的修订。各国主管机关据此对本国的船员进行培训、考试和发证。

一、船员培训的种类

《STCW公约马尼拉修正案》要求国际航行船舶的船员应持有主管机关签发的适任证书和培训合格证书(或对外国证书的承认签证),因此各国的船员培训通常分为适任证书培训和专业技能培训。

根据交通运输部2009年10月1日发布实施的《船员培训管理规则》(2019年2月5日第三次修订),我国的船员培训按照培训的内容可以分为船员基本安全培训、船员适任培训、特殊培训三类;按照培训对象分为海船船员培训和内河船舶船员培训两类。

(一)船员基本安全培训

船员基本安全培训是指船员在上船任职前接受的个人求生技能、消防、基本急救以及个人安全和社会责任等方面的培训,包含海船船员基本安全、内河船舶船员基本安全。

（二）船员适任培训

船员适任培训是指船员在取得适任证书前接受的使船员适应拟任岗位所需的专业技术知识和专业技能的培训,包括船员岗位适任培训和船员专业技能适任培训。

船员岗位适任培训分为海船船员岗位适任培训和内河船舶船员岗位适任培训。海船船员岗位适任培训包含以下培训对象:(1)船长;(2)轮机长;(3)大副;(4)大管轮;(5)三副;(6)三管轮;(7)电子电气员;(8)值班机工;(9)值班水手;(10)电子技工;(11)全球海上遇险和安全系统(GMDSS)操作员;(12)引航员;(13)非自航船舶船员;(14)地效翼船船员;(15)游艇操作人员;(16)摩托艇驾驶员(注:二副、二管轮为三副、三管轮在具有一定的海上服务资历后自动晋升)。

内河船舶船员岗位适任培训包含以下培训项目:(1)驾驶岗位;(2)轮机岗位;(3)引航员。

船员专业技能适任培训仅针对海船船员,包含以下培训项目:(1)精通救生艇筏和救助艇;(2)精通快速救助艇;(3)高级消防;(4)精通急救;(5)船上医护;(6)保安意识;(7)负有指定保安职责船员;(8)船舶保安员;(9)船上厨师和膳食服务辅助人员。

不同岗位的海船船员所需接受的专业技能培训如表8-1所示。

表8-1 海船船员专业技能培训

	基本安全培训	精通救生艇筏和救助艇	精通快速救助艇	高级消防	精通急救	船上医护	保安意识	负有指定保安职责船员
值班水手/机工	√						√	√
高级值班水手/机工	√	√					√	√
三副/三管轮	√	√		√	√		√	√
大副/大管轮	√	√		√	√	√*	√	√
电子电气员	√	√		√			√	√
电子技工	√	√						
GMDSS通用操作员	√	√					√	√

* 注:船上医护培训适用于500总吨以上船舶。

（三）特殊培训

特殊培训是指针对在危险品船、客船、大型船舶等特殊船舶上工作的船员所进行的培训,分为海船船员特殊培训和内河船舶船员特殊培训。其中,海船船员特殊培训包含以下培训项目:(1)油船和化学品船货物操作基本培训;(2)油船货物操作高级培训;(3)化学品船货物操作高级培训;(4)液化气船货物操作基本培训;(5)液化气船货物操作高级培训;(6)客船船员特殊培训;(7)大型船舶操纵特殊培训;(8)高速船船员特殊培训;(9)船舶装载散装固体危险和有害物质作业特殊培训;(10)船舶装载包装危险和有害物质作业特殊培训;(11)使用气体或者其他低闪点燃料船舶船员基本培训;(12)使用气体或者其他低闪点燃料船舶船员高级培训；(13)极地水域船舶操作船员基本培训；(14)极地水域船舶操作船员高级培训；(15)水上飞机驾驶员特殊培训。

内河船舶船员特殊培训包含以下培训项目：(1)油船；(2)散装化学品船；(3)液化气船；(4)客船；(5)高速船；(6)滚装船；(7)载运包装危险货物船舶；(8)液化气燃料动力装置船；(9)水上飞机驾驶员特殊培训；(10)地效翼船；(11)特定航线江海直达船舶行驶资格证明培训。

我国船员培训是在《STCW 公约马尼拉修正案》附则的基础上，结合我国航运的实际情况进一步分类。其中，海船的船员基本安全培训依据附则第Ⅵ章，船员适任培训依据附则第Ⅱ、Ⅲ、Ⅳ章，船员专业技能培训依据附则第Ⅵ章，特殊培训依据附则第Ⅴ章。由于内河船员不受 STCW 公约的约束，内河船员培训是参照《STCW 公约马尼拉修正案》进行分类的。

二、船员培训许可

我国船员培训实行许可制度。培训机构应当按照《船员培训管理规则》的规定，针对不同的船员培训项目，申请并取得特定的船员培训许可，方可开展相应的船员培训业务。培训机构是指依法成立的院校、企事业单位或者社会团体。

培训机构从事船员培训业务，根据其开展培训的类别和项目，应当符合下列许可条件：

（1）有符合交通运输部按照国际公约规定的与培训类别和项目相匹配的具体技术要求的场地、设施和设备。

（2）有符合交通运输部按照国际公约规定的与培训类别和项目相匹配的具体技术要求的教学人员，80%的教学人员应当通过中华人民共和国海事局组织的考试，并取得相应证明。

（3）有与船员培训项目相适应的管理人员：

①配备专职教学管理人员、教学设施设备管理人员、培训发证管理人员和档案管理人员；

②教学管理人员至少 2 人，具有航海类中专以上学历或者其他专业大专以上学历，熟悉相关法规，熟悉所管理的培训项目；

③教学设施设备管理人员至少 1 人，具有中专以上学历，能够熟练操作所管理的设施、设备。

（4）有健全的船员培训管理制度，具体包括学员管理制度、教学人员管理制度、培训课程设置制度、培训证明发放制度、教学设施设备管理制度和档案管理制度。

（5）有健全的安全防护制度，具体包括人身安全防护制度和突发事件应急制度等。

（6）有符合交通运输部规定的船员培训质量控制体系。

交通运输部海事局受理申请，经审核予以批准的，签发"中华人民共和国船员培训许可证"，许可证的有效期为 5 年。

三、培训的实施

交通运输部培训机构应当在每期培训班开班 3 日前以书面或者电子的方式将培训计划报海事管理机构备案，备案内容应当包括培训规模，教学计划和日程安排，承担本期培训教学的教员情况及培训设施、设备、教材等准备情况。

培训机构应当按照交通运输部规定的船员培训大纲和水上交通安全、防治船舶污染等要求设置培训课程、制订培训计划并开展培训。培训机构开展培训的课程应当经过海事管理机构确认。

培训机构应当为在本机构参加培训的学员建立培训档案,并在培训结束后出具相应的船员培训证明。对培训出勤率低于规定培训课时90%的学员,培训机构不得出具培训证明。

学员完成培训并取得培训证明后,可以向海事管理机构申请相应培训项目的考试、评估。对已按照规定完成培训并且考试、评估合格的学员,由海事管理机构依据相关规定签发相应的考试、评估合格证明。

开展船上培训的航运公司和相关机构,应当将船上培训计划、学员名单,负责指导和训练学员的船长及高级船员的名单、资历等信息报送海事管理机构。

开展船上培训的航运公司和船舶,在保证船舶正常操作以及航行、作业安全的情况下,应当按照船上培训记录簿所载培训项目的目标和要求开展培训,并保证承担教学和指导任务的船长、高级船员有适当的时间和精力从事相应的船上培训工作。

第三节 船员适任考试和发证

现行的海员发证的强制性最低标准由《STCW公约马尼拉修正案》规定,但具体的考试和发证的方式由各国主管机关自行确定。我国船员考试发证的现行依据为交通运输部2020年7月6日发布的《海船船员适任考试和发证规则》(业内简称为"20规则",2022年修正)和2015年11月11日起实施的《中华人民共和国内河船舶船员适任考试和发证规则》(2020年7月6日修正)。

一、海船船员职务分工

我国海船船员职务根据服务部门分为:

(一)参加航行和轮机值班的船员

(1)船长;(2)甲板部船员:大副、二副、三副、高级值班水手、值班水手,其中大副、二副、三副统称为驾驶员;(3)轮机部船员:轮机长、大管轮、二管轮、三管轮、电子电气员、高级值班机工、值班机工、电子技工,其中大管轮、二管轮、三管轮统称为轮机员;(4)无线电操作人员:一级无线电电子员、二级无线电电子员、通用操作员、限用操作员。

(二)不参加航行和轮机值班的船员

根据STCW公约第Ⅶ章——可供选择的发证方法,海船船员的职能分为:(1)航行;(2)货物操作和积载;(3)船舶作业和人员管理;(4)轮机工程;(5)电气、电子和控制工程;(6)维护和修理;(7)无线电通信。

船员职能的技术等级划分如下:(1)管理级;(2)操作级;(3)支持级。

适任证书持有人应当在适任证书适用范围内担任职务或者担任低于适任证书适用范围的职务。

二、海船船员适任证书的航区与等级

STCW 公约没有划分船员适任证书的航区,但考虑到我国海船船员人数多,工作区域广,既有航行于全球航线的远洋船员,也有常年航行于国内沿海区域的船员,不同的航行区域对船员适任能力的要求有所不同,因此,我国海船船员适任证书有必要划分为无限航区和沿海航区。无线电操作人员适任的航区分为 A1、A2、A3 和 A4 海区,与 SOLAS 公约中GMDSS 的相关规定一致。

适任证书等级分为:

1. 船长、驾驶员、轮机长、轮机员适任证书

(1)无限航区适任证书

①一等适任证书:适用于 3 000 总吨及以上或者主推进动力装置 3 000 千瓦及以上的船舶;②二等适任证书:适用于 500 总吨及以上至 3 000 总吨或者主推进动力装置 750 千瓦及以上至 3 000 千瓦的船舶。

(2)沿海航区适任证书

①一等适任证书:适用于 3 000 总吨及以上或者主推进动力装置 3 000 千瓦及以上的船舶;②二等适任证书:适用于 500 总吨及以上至 3 000 总吨或者主推进动力装置 750 千瓦及以上至 3 000 千瓦的船舶;③三等适任证书:适用于未满 500 总吨或者主推进动力装置未满750 千瓦的船舶。

2. 二副、三副、二管轮、三管轮适任证书

(1)无限航区适任证书:

该证书适用于 500 总吨及以上或者主推进动力装置 750 千瓦以上的船舶。

(2)沿海航区适任证书:

①一等适任证书:适用于 500 总吨及以上或者主推进动力装置 750 千瓦及以上的船舶;②二等适任证书:适用于未满 500 总吨或者主推进动力装置未满 750 千瓦的船舶。

3. 高级值班水手、高级值班机工适任证书

该证书适用于 500 总吨及以上或者主推进动力装置 750 千瓦及以上的船舶。

4. 值班水手、值班机工适任证书

(1)无限航区适任证书:适用于 500 总吨及以上或者主推进动力装置 750 千瓦及以上的船舶;

(2)沿海航区适任证书分为两个等级:

①一等适任证书:适用于 500 总吨及以上或者主推进动力装置 750 千瓦及以上的船舶;②二等适任证书:适用于未满 500 总吨或者主推进动力装置未满 750 千瓦的船舶。

5. 电子电气员和电子技工适任证书

该证书适用于主推进动力装置 750 千瓦及以上的船舶。

在拖船上任职的船长和甲板部船员所持适任证书等级与该拖船的主推进动力装置功率的等级相对应。

不参加航行值班的船员适任证书不分等级。

三、取得海船船员适任证书的条件

(一)取得海船船员证书应具备的条件

"20规则"第11条规定,取得适任证书,应当具备下列条件:

(1)年满18周岁(在船实习、见习人员年满16周岁);(2)符合船员任职岗位健康要求;(3)经过船员基本安全培训;(4)通过相应的适任考试。

参加航行和轮机值班的船员还应当经过相应的船员适任培训、特殊培训,具备相应的船员任职资历,并且任职表现和安全记录良好。

通常来说,若要取得船员适任证书上船工作,无论是普通船员还是高级船员,都要先接受航海类教育或培训,通过相应的考试,具有一定的海上工作资历后,才能到海事部门申请相应的适任证书。

(二)我国现阶段航海类教育及船员岗位适任培训

根据"20规则",现阶段我国航海类教育/船员岗位适任培训及可申请的考试类型如下:接受不少于2年的全日制航海类中职/中专及以上教育的学生或者完成全日制非航海类大专及以上教育并接受不少于12个月三副、三管轮、电子电气员岗位适任培训的学员可以按照以下情形参加适任考试:

(1)完成全部理论和实践教学内容后,可以相应地申请无限航区三副、三管轮、电子电气员的适任考试。

(2)经交通运输部海事局认可,教育培训质量良好的航海院校的全日制航海类本科教育学生,完成全部理论和实践教学内容后,可以相应地申请无限航区二副、二管轮的适任考试。

(3)正在接受航海类教育的学生可以在毕业或者结业前12个月内相应地申请参加值班水手、值班机工、电子技工适任考试,免于参加相应的值班水手、值班机工、电子技工岗位适任培训。

通过三副、二副、三管轮、二管轮、电子电气员理论考试后,应当在500总吨或者750千瓦及以上的船舶上完成不少于12个月的船上见习,其中三副、二副、三管轮、二管轮见习至少应当有6个月是在船长或者高级船员的指导下履行了驾驶台或者机舱值班职责。

(4)经交通运输部海事局确认课程、培训质量体系运行及培训质量和社会声誉良好的培训机构,学员培训期间在船培训、见习的资历可以计入支持级和操作级职务的见习资历。

适任考试包括理论考试和评估。理论考试以理论知识为主要考试内容,重点对海船船员专业知识的掌握和理解程度进行测试。评估通过对相应船舶、模拟器或者其他设备的操作,国际通用语言听力测验与口试等方式,重点对海船船员专业知识综合运用、操作及应急等能力进行技能测评。

（三）职务晋升所需的海上服务资历及条件

"20规则"规定了船员职务三级晋升机制,晋升所需的海上服务资历以及船上培训/见习所需的见习时间,如图8-1所示。

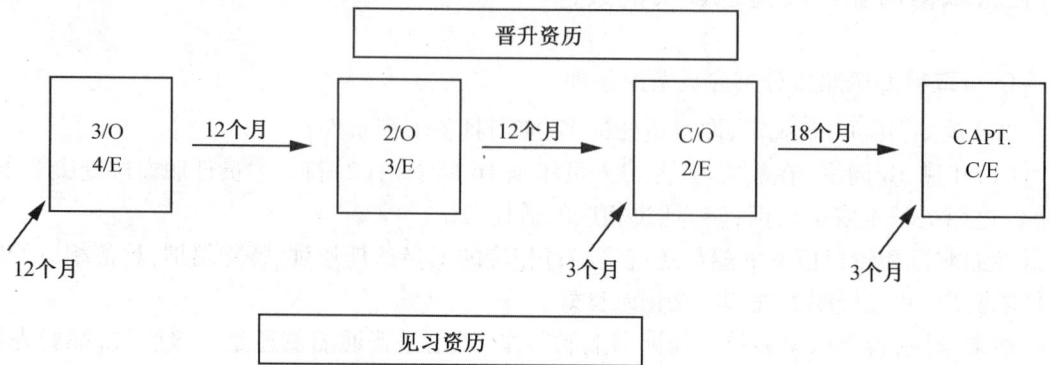

图 8-1　船员职务晋升所需资历示意图

（1）航海类专业毕业生/水手/机工晋升为三副/三管轮。

完成航海类教育或培训,通过了三副/三管轮适任考试,上船完成不少于12个月的见习(其中至少应当有6个月是在船长或者高级船员的指导下履行了驾驶台或者机舱值班职责)后,才能申请正式的三副/三管轮证书,承担三副/三管轮的职责。

（2）三副/三管轮晋升为二副/二管轮。

担任三副/三管轮满12个月,可直接申请二副/二管轮适任证书。

（3）二副/二管轮晋升为大副/大管轮。

担任二副/二管轮满12个月,完成大副/大管轮岗位适任培训(申请500总吨及以上船舶的大副,应完成船上医护培训,取得培训合格证),通过大副/大管轮适任考试,并在相应航区相应等级的船舶上完成不少于3个月的船上见习。

（4）大副/大管轮晋升为船长/轮机长。

担任大副/大管轮满18个月,完成船长/轮机长岗位适任培训,通过船长/轮机长适任考试,并在相应航区相应等级的船舶上完成不少于3个月的船上见习。

四、海船船员适任证书再有效

海船船员的适任证书有效期不超过5年,有效期截止日期不超过持证人65周岁生日。

（1）根据"20规则"第19条,持有船长和高级船员适任证书者,满足下列条件之一,可以在适任证书有效期届满前12个月内或者届满后3个月内向有相应管理权限的海事管理机构申请适任证书再有效:

①从申请之日起向前计算5年内具有与其适任证书所记载范围相应的不少于12个月的海上服务资历,且任职表现和安全记录良好。其中,无限航区的船员不少于6个月是在无限航区的船舶上任职;船长、轮机长担任大副、大管轮或者二副、二管轮担任三副、三管轮的,可以作为原职务适任证书再有效的海上任职资历。

②从申请之日起向前计算 6 个月内具有与其适任证书所记载范围相应的不少于 3 个月的海上服务资历,且任职表现和安全记录良好。

(2)未满足"20 规则"第 19 条规定的船长和高级船员,申请适任证书再有效的,应当符合下列规定:

①未满足第 19 条规定,或者适任证书过期 3 个月及以上 5 年以下的,应当参加模拟器培训和知识更新培训,并通过相应的抽查项目的评估。

②适任证书过期 5 年及以上 10 年以下的,应当参加模拟器培训和知识更新培训,并通过相应的抽查科目的理论考试和项目的评估。

③适任证书过期 10 年及以上的,应当参加模拟器培训和知识更新培训,通过相应的抽查科目的理论考试和项目的评估,并在适任证书记载的相应航区、等级范围内按照"船上见习记录簿"规定完成不少于 3 个月的船上见习。

五、海员证、船员服务簿、健康证明

(一)海员证

国际劳工组织于 1958 年制定了《1958 年海员身份证件公约》(也称为 ILO 108 号公约),旨在为海员创建国际认可的身份证件,以便于海员进行职业旅行。该公约被《2003 年海员身份证件公约》(ILO 185 号公约)所取代,ILO 185 号公约已于 2005 年 2 月 9 日生效。我国没有加入 ILO 108 号及 ILO 185 号公约。

作为历史悠久的传统职业,海员曾享有一些专属的权利,如在外国领土上以海员身份享有上岸休假、使用岸上设施而无须签证的权利,获得医疗救助或使用岸上医疗设施的权利,这些权利被国际海事组织纳入了《1965 年便利海上运输国际公约》中,该公约还规定各国应基于互惠原则承认各自签发的不同的海员身份证件。我国已加入该公约。

交通部于 1989 年 8 月 14 日以交通部令〔1989〕7 号颁布的《中华人民共和国海员证管理办法》,将海员证定义为"中国海员出入中国国境和在境外通行使用的有效身份证件"。随后,交通部港监局、海事局相继颁布了《关于规范海员出境证件管理工作的规定》(港监字〔1996〕164 号)、《关于加强海员证管理的办法》(海船员字〔1999〕539 号)等规章。

我国《海商法》规定:"从事国际航行的船舶的中国籍船员,必须持有中华人民共和国港务监督机构颁发的海员证和有关证书。"

我国《护照法》规定:"公民以海员身份出入国境和在国外船舶上从事工作的,应当向交通部委托的海事管理机构申请中华人民共和国海员证。"

《船员条例》规定:"以海员身份出入国境和在国外船舶上从事工作的中国籍船员,应当向国家海事管理机构指定的海事管理机构申请中华人民共和国海员证。""中华人民共和国海员证是中国籍船员在境外执行任务时表明其中华人民共和国公民身份的证件。""持有中华人民共和国海员证的船员,在其他国家、地区享有按照当地法律、有关国际条约以及中华人民共和国与有关国家签订的海运或者航运协定规定的权利和通行便利。"

根据上述法规,海员证具有海员职业身份证件和护照的双重属性。

(二)船员服务簿

我国于 1984 年开始实施船员服务簿制度,中华人民共和国港务监督局(海事局的前身)以〔1984〕水监字 82 号文发布了《关于颁发和实施〈船员服务簿〉规定的通知》(已废止),随后于 1985 年 9 月 28 日又发布了《关于颁布船员服务簿实施办法的通知》(已废止),这两个规章奠定了船员服务簿管理制度的基础。

按照这两个文件的规定,船员服务簿是记载船员海(河)上资历的证明文件,对船员的技术管理、考核等工作有着重要的作用。

随着 2007 年《船员条例》的实施,2008 年中国海事局发布了《中华人民共和国船员注册管理办法》(以下简称《船员注册管理办法》),取代了上述文件。2018 年 8 月 28 日,交通运输部对该办法做出了修改。

根据《船员条例》的定义,船员是指依照本条例的规定经船员注册取得船员服务簿的人员,包括船长、高级船员、普通船员。船员服务簿是船员的职业身份证件。至此,船员服务簿的功能已从记录船员海(河)上资历的技术证明文件变为船员身份的法律证明文件。

根据《船员注册管理办法》,船员在船工作期间应当携带船员服务簿。船员服务簿应当载明船员的姓名、性别、国籍、出生日期、住所、联系人、联系方式以及其他有关事项。海事管理机构应当在船员服务簿中记载船员的安全记录、累计记分情况和违法情况。

船员上船任职后和离船解职前,应当主动将船员服务簿提交船长办理船员任职、解职签注。船长应当为本船船员办理船员任职、解职签注,并在船员服务簿中及时、如实记载其服务资历和任职表现。船长的任职签注由离任船长负责签注,船长的解职签注由接任船长负责签注。

因船舶新投入运行、报废等特殊情况无离任或者接任船长时,船长的任职、解职,在境内由船舶靠泊地海事管理机构签注,在境外由船长本人签注。

(三)健康证明

按照 STCW 公约和 2006 年 MLC 公约的要求,国际航行船舶上的船员需持有健康证明。我国《船员条例》规定,符合船员健康要求是申请船员注册的条件之一。因此,船员健康证明也是船员必须持有的文件之一。

交通运输部海事局于 2016 年 9 月 21 日颁布了《中华人民共和国海船船员健康证明管理办法》,根据该办法,健康证明是指用以表明海船船员身体状况符合船员任职岗位健康要求的职业医学证明。海船船员在船工作期间应持有有效的健康证明。

海船船员满足下列要求的,由主检医师在健康证明上签名,并加盖体检机构公章:
(1)年满 18 周岁(在船实习、见习人员年满 16 周岁);
(2)持有有效的身份证件;
(3)符合《船员健康检查要求》(GB 30035—2021)的标准;
(4)完成海船船员信息采集。

健康证明的有效期不超过 2 年;对年龄小于 18 周岁的海船船员,健康证明有效期不超过 1 年。健康证明在航行途中有效期期满的,在到达下一个有 STCW 公约缔约方认可的主检医师的停靠港之前,该健康证明仍然有效,但有效期不得超过 3 个月。

六、内河船舶船员考试和发证

近年来,我国的船员队伍中内河船舶船员的数量一直多于海船船员。内河船舶航行及船员的管理不受国际公约的约束,我国对内河船员考试发证的依据为《内河船舶船员适任考试和发证规则》(交通运输部令 2015 年第 21 号,2020 年 7 月 2 日修正)。

（一）内河船员适任证书分类

根据《内河船舶船员适任考试和发证规则》的定义,内河船舶是指符合内河船舶建造规范,仅在内河通航水域航行的各类船舶,但不包括军事船舶、渔业船舶和体育运动船舶。

在内河船舶担任船长和驾驶部职务的船员的适任证书类别按照船舶总吨位确定,其中在拖船担任船长和驾驶部职务的船员的适任证书类别按照拖船的主推进动力装置总功率确定,分为以下类别:

（1）一类适任证书:1 000 总吨及以上的内河船舶以及 500 千瓦及以上的内河拖船;

（2）二类适任证书:300 总吨及以上至 1 000 总吨的内河船舶以及 150 千瓦及以上至 500 千瓦的内河拖船;

（3）三类适任证书:300 总吨以下的内河船舶以及 150 千瓦以下的内河拖船。

担任轮机部职务船员的适任证书按照船舶主推进动力装置总功率确定,分为以下类别:

（1）一类适任证书:适用于 500 千瓦及以上的内河船舶;

（2）二类适任证书:适用于 150 千瓦及以上至 500 千瓦的内河船舶;

（3）三类适任证书:适用于 150 千瓦以下的内河船舶。

适任证书按照船员职务资格分为以下类别:

一类适任证书:船长、大副、二副、三副;轮机长、大管轮、二管轮、三管轮。

二类和三类适任证书:船长、驾驶员;轮机长、轮机员。

（二）取得内河船员适任证书的条件

根据《内河船舶船员适任考试和发证规则》,取得内河船员适任证书的条件为:(1)年满 18 周岁(在船实习、见习人员年满 16 周岁)且初次申请不超过 60 周岁;(2)符合船员任职岗位健康要求;(3)经过船员基本安全培训;(4)通过交通运输部海事局规定科目的内河船舶船员适任考试。

参加航行和轮机值班的船员还应当经过相应的船员适任培训、特殊培训,具备相应的船员任职资历,并且任职表现和安全记录良好。在内河危险品船、客船等特殊船舶上任职的船员,除应当具备上述条件外,还应当完成相应的特殊培训并取得培训合格证明。

（三）内河船员适任证书再有效

参加航行和轮机值班的船员适任证书的有效期不超过 5 年。不参加航行和轮机值班的船员适任证书长期有效。

持证人在适任证书有效期届满前 1 年内向具有原适任证书发证权限的发证机构申请适任证书重新签发的,除应当符合内河船舶船员适任岗位健康标准且任职表现和安全记录良好外,在适任证书有效期内的水上服务资历还应当符合下列情形之一:

（1）任职与其适任证书所载类别、职务资格相对应，累计不少于 12 个月；

（2）任职与其适任证书所载类别、职务资格相对应，自申请之日起向前计算 6 个月内累计不少于 3 个月；

（3）适任证书持证人的任职与其适任证书所载类别相对应，但职务低一级；或者与其适任证书所载职务资格相对应，但类别低一级，累计不少于 12 个月。

有下列情形之一，持证人向具有原适任证书发证权限的发证机构申请适任证书重新签发的，除应当符合内河船舶船员适任岗位健康标准外，还应当通过国家海事管理机构规定的同类别同职务资格的内河船舶船员实际操作考试：

（1）持证人在适任证书有效期届满后 5 年内申请重新签发；

（2）持证人在适任证书有效期届满前 1 年内申请重新签发，但不具有规定的水上服务资历。

持证人在适任证书有效期届满 5 年后向具有原适任证书发证权限的发证机构申请适任证书重新签发，除应当符合内河船舶船员适任岗位健康标准外，还应当通过国家海事管理机构规定的同类别、同职务资格的内河船舶船员适任考试。

第九章　ISM规则与安全管理体系

第一节　ISM 规则简介

一、ISM 规则产生的背景

国际海事组织自成立以来,不断制定与修改海上安全公约与规则以促进海上安全,这些公约与规则也得到了广泛的认可和实施。但在一段时期内,海上事故并没有明显减少,特别是 20 世纪 80 年代中期至 90 年代末期,接连发生了几次重大海难,如 1987 年英国客滚船"自由企业先驱号"翻沉事故、1989 年美国油船"埃克森·瓦尔迪兹号"触礁漏油事故、1994 年瑞典客船"爱沙尼亚号"翻沉事故等,引起了国际上的广泛关注。

对这些事故的调查、统计和分析表明,人为因素是当前导致海上事故的主因(占 80% 以上),主要表现为:人员业务素质低、教育和培训质量低下、船员过度疲劳、航运公司安全管理混乱、外部监督管理不力等。这些都与公司的管理,特别是岸上管理有关。实际上,正是航运公司在安全营运与防污染管理上的漏洞与不规范在一定程度上导致了上述事故的发生。此前国际海事组织制定的公约或规则中,并没有针对航运公司安全管理方面的强制性规定,各国海事主管机构和行业组织等对航运公司的监管也没有像对船舶和船员的监管那样严格。而船舶所有人、经营人(统称为航运公司)才是贯彻国际公约和国内法规的主体,因此有必要针对航运公司制定一个强制性的国际公约来规范其安全营运与防污染管理行为。

二、ISM 规则的形成

1978 年"阿莫柯·卡迪兹号"油船溢油事故发生后,国际海事组织第一次针对航运公司安全管理做出了决议,即 1979 年第十一届大会通过的会议决议 A. 441(XI)和 A. 443(XI)。尽管这两项决议是非强制性的,但也具有特殊意义,标志着国际海事组织开始介入安全管理的范畴。随后,国际海事组织分别于1981年、1987年、1989年和1991年会议通过了一系列关于船舶安全营运和防污染管理方面的决议和指南。1992年国际海事组织海上安全委员会提出了制定"国际安全管理规则"的建议案,该建议案于1993年5月在其第六十二届会议上得以采纳。同年11月,国际海事组织在第十八届大会上通过了A.741(18)号决议,其附件为《国际船舶安全营运和防止污染管理规则》(International Management Code for the Safe Operation of Ships and for Pollution Prevention,International Safety Management Code,ISM 规则)。

1994年5月,国际海事组织召开外交大会修改SOLAS公约,公约附则新增加了第IX章"船舶安全营运管理",将ISM规则纳入SOLAS公约中,从而使其成为强制性规则。ISM规则于1998年7月1日起适用于客船、高速船、油船、化学品船、气体运输船、散货船和高速货船;2002年7月1日起适用于移动式近海钻井装置和200总吨及以上其他货船。

ISM规则于2000年12月,经国际海事组织MSC.104(73)号决议做出修改,修改后的规则于2002年1月1日生效。

三、ISM 规则的内容

修改后的ISM规则的内容分为三部分:前言、A部分、B部分。

前言部分介绍了制定规则的目的,国际海事组织相关会议决议的精神,制定规则的初衷,并强调了安全管理关键在于高层管理者的承诺以及各级人员责任心、能力、态度和主观能动性。

A部分——实施,是规则的主体,包括12项内容,分别为:(1)总则;(2)安全和环境保护方针;(3)公司的责任和权力;(4)指定人员;(5)船长的责任和权力;(6)资源和人员;(7)船上操作方案的制定;(8)应急准备;(9)对不符合规定的情况、事故和险情的报告和分析;(10)船舶和设备的维护;(11)文件;(12)公司审核、复查和评价。

B部分——审核发证,包括:(1)发证和定期审核;(2)核发临时证书;(3)审核;(4)证书格式。

ISM规则与国际海事组织此前制定的安全公约或规则有所不同,它并没有具体的参数或指标作为标准,而是在安全营运和防污染管理方面为船公司提供了一种标准做法或流程,规则的16项内容涵盖了船公司、相关行业协会和组织、主管机构有关船舶安全营运与防污染管理的所有内容与环节,要求船公司建立、实施并不断改进安全管理体系,以此来规范船公司及船舶的安全管理,不断提高管理水平,并要求主管机构监督整个流程。

四、规则的特别之处

(一)重申船长的责任和权力

在通信技术不发达的时代,船舶离岸后,船上的一切决策都由船长负责,岸上难以干预。随着通信技术的进步,特别是船舶通信进入卫星和数字时代后,通信的便利化使船长的决策受到了岸上的严重干扰,船长逐渐由决策者变成了决策执行者。这使得船长的权威不断降低,不利于船舶的安全管理;而且,在海上遭遇复杂而紧急的局面时,船长凭借专业和实际情况做出判断、决策与处理,这一职能是不能由岸上替代的。

因此,ISM 规则重申船长的权力与责任。首先,规则前言部分强调:"大会通过的第 A.443(XI)号决议,敬请各国政府采取必要措施,以保证船长在海上安全和保护海洋环境方面正当履行其职责。"其次,规则第 5 条——船长的责任和权力规定:

公司应当以文件形式明确规定船长的下列责任:(1)执行公司的安全和环境保护方针;(2)激励船员遵守该方针;(3)以简明方式发布相应的命令和指令;(4)核查具体要求的遵守情况;(5)复查安全管理体系并向岸上管理部门报告其存在的缺陷。

公司应当保证在船上实施的安全管理体系包含一个强调船长权力的明确声明。公司应当在安全管理体系中确立船长的绝对权力和责任,以便做出关于安全和防止污染事务的决定并在必要时要求公司给予协助。

(二)设立指定人员

如前所述,当前海上事故的发生多数与岸上管理有关,船、岸之间缺乏有效的沟通和理解也是促成事故的因素之一。再者,为了更有效地实施规则,需要由专职人员负责船岸之间的联系和船舶安全与防污染监控。ISM 规则通过设立指定人员来解决这两个问题。

ISM 规则第 4 条——指定人员规定:"为保证各船的安全营运,提供公司与船上之间的联系渠道,公司应当根据情况指定一名或数名能直接同最高管理层联系的岸上人员。指定人员的责任和权力应包括对各船的安全营运和防止污染方面进行监控,并确保按需要提供足够的资源和岸基支持。"

按照 ISM 规则的精神,指定人员在公司应属于高级管理人员;为了能够更好地起到沟通和监控作用,指定人员应具有海上工作经验。

(三)文件化管理

ISM 规则 A 部分的 12 项内容都含有文件化管理的规定,即每一项内容都要求建立程序、手册、形成文件或保持记录。除了常规的文件化管理的内容,如方针、责任和权力、操作方案、报告等,一些传统上以实际操作为主的内容,如应急准备、船舶和设备的维护等,也要求制订计划,建立程序、须知、方案,并保持记录。

ISM 规则对文件的要求见第 11 条:公司应当建立并保持有关程序,以便控制与安全管理体系有关的所有文件和资料。公司应当保证:(1)各有关部门均能够获得有效的文件;(2)文件的更改应由经授权的人审查批准;(3)被废止的文件应及时清除。用于阐述和实施安全管理体系的文件可称为"安全管理手册"。文件应当以公司认为最有效的方式予以保存。每艘船舶均应配备与之相关的全部文件。

文件化管理是明确责任、规范管理、避免人为因素导致的管理随意性的有效措施;同时,要求对船上各种操作保持记录,对各种船舶运营中出现的事故、险情和不符合规定的情况形成书面报告,这可为公司内部审核、主管机关外部监督提供依据,有利于及时纠正缺陷,不断提高公司的安全管理水平。

第二节 安全管理体系

一、安全管理体系的概念和内容

国际海事组织制定 ISM 规则的目的是规范船公司的安全营运与防污染管理,规则第 1.4 条要求每个公司均应建立、实施并保持包括以下功能要求的安全管理体系:(1)安全和环境保护方针;(2)确保船舶的安全营运和环境保护符合国际和船旗国有关立法的须知和程序;(3)船、岸人员的权限和相互间的联系渠道;(4)事故和不符合规定情况的报告程序;(5)对紧急情况的准备和反应程序;(6)内部审核和管理复查程序。该规定既明确了船公司必须建立安全管理体系(Safety Management System,SMS)的义务,又说明了 SMS 必须包含的内容,这些内容亦是 ISM 规则 A 部分各章节所要求的。可见,建立并保持 SMS 就是履行 ISM 规则。

按照规则 1.1.4 的定义,安全管理体系系指使公司人员有效实施公司安全和环境保护方针的结构化和文件化的体系。该定义有以下几个要点:(1)SMS 以使公司人员实现安全和环保方针为目标;(2)SMS 是有结构的体系;(3)SMS 要形成文件。

一般来说,一切管理行为都是从目标出发,围绕目标制定相应的方针、政策;然后确定各级人员的权限及联系渠道,考虑到船长在安全与防污染方面的绝对权力以及指定人员的特殊作用,SMS 应包括对船长责任和权力的声明,以及指定人员的权限;船舶安全与防污染管理包括船舶和设备的维护、常规操作、应急方案等。此外,SMS 还要求包括在运营中出现的不符合规定、事故、险情的报告和分析,以便日后改正,所有这些内容都要形成文件。公司内部要对 SMS 运行情况进行审核,及时纠正运行中存在的问题与缺陷。公司的 SMS 运行情况还要接受主管部门的监督,然后再次从目标出发,开始下一个循环,这样使得公司的安全与防污染管理水平不断地提高。

二、安全管理体系的建立

ISM 规则规定了 SMS 的定义、功能要求和内容,并没有规定如何建立并运行 SMS,只要船舶持有主管机关签发的"安全管理证书"、船舶所在的船公司取得了主管机关签发的"符合证明",就满足了 ISM 规则的要求。现实中,船公司建立 SMS 取得证书及运行 SMS 主要有以下三种方式:(1)公司自己建立、取得证书并运行 SMS;(2)委托专业服务机构为自己建立 SMS,取得证书,由自己来运行;(3)将与 SMS 有关的业务全部委托给专业的船舶管理公司。这三种方式都符合规则的要求,公司可根据自身的情况选择。

三、安全管理体系的审核与发证

(一)审核

ISM 规则要求的审核有两种情形,分别是公司内部对其 SMS 及运行情况的自我审核、复查和评价,以及来自外部的主管机关对公司的 SMS 及其安全与防污染活动的审核与发证。

公司内审的要求由 ISM 规则第 12 条规定,即:(1)公司应当开展内部审核,以核查安全和防止污染活动是否符合安全管理体系的要求;(2)公司应当根据建立的有关程序定期评价安全管理体系的有效性,必要时还应当对安全管理体系进行复查;(3)审核及可能采取的纠正措施应当按文件规定的程序进行;(4)除非由于公司的规模和性质不可能做到,实施审核的人员应当不从属于被审核的部门;(5)审核及复查的结果应当告知负有相关责任的人员,以提请他们注意;(6)负有责任的管理人员应当对所发现的缺陷及时采取纠正措施。

SMS 各部分内容既相对独立,又相互联系、衔接,形成了一个完整的体系,并且通过新的项目培训,关键性操作,紧急情况的标明,不符合规定情况、事故、险情及缺陷的处理,内审和有效性评价,管理复查以及文件的修改完善等环节,使得 SMS 形成自我完善的机制。内审是自我完善机制中的一个关键环节。根据规则,内审的对象可以分成两部分:一是公司安全与防污染管理活动,对这些管理行为进行审核与评价,来判断其是否符合公司 SMS 的目标与要求;二是对公司的 SMS 本身进行定期评价,判断其是否有效,是否达到了预期的目标,必要时进行复查。为了避免内审的随意性的影响,内审也应当建立程序、形成文件,并由适当的审核人员来执行。审核的目的是对发现的缺陷及时采取纠正措施,促使安全与防污染管理水平的不断提高。

主管机关依据船公司的申请对其 SMS 的审核被称为外审。ISM 规则要求的所有审核应当在充分考虑国际海事组织制定的指南后,按照主管机关认可的程序进行。如果说公司内审是安全管理体系的自我纠错、修复和完善的环节,那么主管机关的外审就是外部监督、反馈和纠错环节。

根据我国现行的《航运公司安全管理体系审核发证规则》(海安全〔2015〕120 号,2015年 5 月 1 日起实施)及《航运公司安全管理体系审核发证程序》(海安全〔2016〕62 号,2016年 3 月 1 日起实施)的规定,审核发证机构对公司的审核种类包括:临时审核、初次审核、年度审核、换证审核、跟踪审核、附加审核;对船舶的审核包括:临时审核、初次审核、中间审核、换证审核、附加审核。

（二）发证

ISM 规则要求主管机关或其认可的机构或者应主管机关的请求由另一缔约方政府给符合本规则规定的船公司签发"符合证明"(Document of Compliance,DOC)。船舶应当由持有与该船有关的"符合证明"(或临时符合证明)的公司来运营。船上应当保存一份"符合证明"的副本,以便在被要求时出示给相关机构查验。

在审核该公司及其船上的管理确已按照经认可的安全管理体系运作后,主管机关或主管机关认可的机构,或者应主管机关请求的另一缔约方政府,应当向船舶签发有效期不超过5 年的"安全管理证书"(Safety Management Certificate,SMC)。该证书应当被视为该船舶符合本规则要求的证据。

在我国,根据《航运公司安全管理体系审核发证规则》,交通运输部海事局及其指定的海事管理机构、委托的机构(统称为审核发证机构)对公司和船舶进行安全管理体系审核和发证。通常,被指定的海事机构负责对船公司审核和签发 DOC;中国船级社受海事局的委托,代表海事局负责对船舶审核和签发 SMC。

第三节　ISM 规则国内化

一、我国实施 ISM 规则的情况

1995 年 3 月,交通部发出《关于做好实施〈国际安全管理规则〉准备工作的通知》,正式推动实施 ISM 规则。同年 9 月,《实施〈国际安全管理规则〉的指导意见》印发,阐述了实施 ISM 规则的基本要求和实施该规则的重要性、指导思想和原则要求,进一步推动和落实规则的实施。

1996 年 9 月,上海远洋运输公司成为第一个通过审核的航运公司。我国第一批强制实施 ISM 规则的国际航运公司为 59 家,国际航行船舶共 260 艘;1998 年 7 月 1 日,我国第一批国际航运公司和国际航行船舶全部如期通过审核并取得证书。

为了验证实施 ISM 规则的效果,进一步改进工作,1999 年 5 月至 6 月交通部海事局进行了一次全国范围的 ISM 规则实施效果调查。调查结果表明:实施 ISM 规则以来,各公司的安全管理工作日趋规范化,总体安全管理水平明显提高;船员、管理人员的安全意识和责任感增强,安全观念从"要我安全"向"我要安全"转变;规章制度逐步健全;安全工作能落到实处,逐渐步入良性循环的轨道;船岸联系渠道畅通,各类信息及时传递,公司对船舶的监控加强;船舶和设备维修状况改善,维修费用降低;船岸应急反应能按程序、有步骤地进行,应急措施可操作性强。

二、颁布实施 NSM 规则

实施 ISM 规则对提高我国国际航行船舶及其船公司的安全和防污染管理水平有明显的效果,原交通部决定将 ISM 规则的管理理念在我国的水运系统广泛推行,即 ISM 规则国内化,ISM 国内化的第一步是于 2001 年 7 月颁布《中华人民共和国船舶安全营运及防止污染管理规则(试行)》,简称为《国内安全管理规则》(NSM 规则)。

NSM 规则是运用 ISM 规则原理,以等效采用的方法,完全涵盖了 ISM 规则有关船舶安全和防污染的所有内容,其核心亦是要求公司建立、实施、保持并不断改进 SMS,以此来规范公司及船舶管理工作,并不断提高安全管理水平。

NSM 规则是分阶段实施的,分别于 2003 年 1 月 1 日和 2004 年 7 月 1 日起对第一批国内航行船舶(载客定额 50 人及以上跨省航行的客滚船、旅游船、高速客船和 150 总吨及以上的气体运输船和散装化学品船)和第二批国内航行船舶(载客定额 50 人及以上所有跨省航行的客船和 500 总吨及以上的油船)生效。NSM 规则的实施,有效地改善了上述船舶安全和防污染管理工作,促进了公司安全和防污染管理责任的落实,不断提升公司管理水平,成效明显。自 2007 年 7 月 1 日起,NSM 规则对第三批国内航行船舶(500 总吨及以上的沿海跨省航行的散货船和其他货船)生效。

作为 ISM 规则国内化的第一步,NSM 规则引入了 ISM 规则的全部内容,并根据国内的具体情况进行了适当调整,使之更符合我国国情。

三、发布《中华人民共和国航运公司安全与防污染管理规定》

为进一步加深航运公司对 ISM 规则的理解,规范航运公司的安全与防污染管理,2007 年交通部出台了《中华人民共和国航运公司安全与防污染管理规定》(交通部令 2007 年第 6 号,以下简称 6 号令),将航运公司安全管理体系的建立、实施、保持及其相关活动纳入海事系统安全监督管理的范畴,海事部门的职责不再局限于安全管理体系的审核和发证,而是对航运公司安全管理体系运行的全过程进行监控。对于建立和运行安全管理体系有特殊困难的航运公司,海事部门协助其建立或完善安全管理体系。

"本规定适用于航运公司安全与防污染管理体系的建立、实施、保持及其相关活动的监督管理。""中华人民共和国海事局依照本规定对航运公司安全与防污染活动实施监督管理。"

6 号令要求"航运公司(是指承担安全与防污染管理责任和义务的航运企业,包括船舶所有人、经营人、管理人和光船承租人)应当建立、健全安全与防污染管理制度,完善安全与防污染条件,保障船舶安全,防止船舶污染水域环境"。"航运公司应当确保向船舶提供足够的资源和岸基支持,并对安全与防污染工作进行监控,保持船岸之间的有效联系。"

针对当时国内诸多航运公司,特别是经营国内航线或某些国际航线的合资航运公司中安全生产责任人不明确的问题,6 号令规定:"航运公司应当确定安全与防污染管理的方针和目标,并指定本公司主要负责人为安全与防污染工作的第一责任人。""航运公司应当具有适任的安全与防污染管理人员,并明确其岗位职责。航运公司的主要安全与防污染管理人员不得在船上兼职或者跨航运公司兼职。"

第十章　海上保安

第一节　概　述

一、背景

1985 年 10 月 7 日,意大利籍邮轮"阿基莱·劳罗号"在埃及沿海被 4 名携带武器的恐怖分子劫持,该事件使国际海事组织首次将海上保安问题提到其工作议程上。国际海事组织通过了一项决议,内容涉及防止危及船舶安全及船舶乘客和船员保安的非法行为的措施,并于 1986 年发布了关于防止针对船上乘客和船员的非法行为的措施的指南。1988 年 3 月10 日,国际海事组织在罗马通过了《1988 年制止危及海上航行安全非法行为国际公约》(简称 1988 SUA 公约,亦称《罗马公约》)和《1988 年制止危及大陆架固定平台安全非法行为议定书》,两者均在 1992 年 3 月 1 日生效。

该事件并没有使海上保安问题在全球范围内得到重视,1988 年 SUA 公约及其议定书也没有对航运产生较大的影响。2001 年"9·11"事件发生后,国际海事组织意识到海上防止恐怖主义的重要性和急迫性,积极、迅速、有效地采取了应对措施。2001 年 11 月,国际海事组织召开了第二十二届大会,大会一致同意制定关于船舶和港口设施保安的新措施,这些措施包括制定 1974 年 SOLAS 公约附则修正案和出台《国际船舶保安和港口设施保安规则》(ISPS 规则)。2002 年 12 月 9 日至 13 日,国际海事组织召开海上保安外交大会,通过了上述修正案和 ISPS 规则。按照默认接受程序,该修正案和 ISPS 规则已于 2004 年 7 月 1 日生效。2005 年,国际海事组织又对 1988 年 SUA 公约和议定书进行了更新和修订,简称为2005 SUA 议定书,于 2010 年 7 月 28 日生效。至此,海上保安成为与海上安全和防止船舶污染海洋同样重要的课题,国际海事组织的宗旨也由"航行更安全,海洋更清洁"(Safer Shipping, Cleaner Oceans)改成"清洁海洋上安全、平安和高效的航运"(Safe, Secure and Efficient Shipping on Clean Oceans),ISPS 规则的强制实施使保安成为船舶运营和港口生产的一项目常工作内容,对航运影响深远。

海盗一直是困扰世界航运发展的难题。不同历史时期,海盗行为的特点也不相同,地中海海盗、北欧海盗、加勒比海盗的故事广为流传。20世纪80年代至20世纪末,世界海盗活跃的热点区域为马六甲海峡和新加坡海峡,后经过国际海事组织和各有关方面的合作和共同努力,这个地区的海盗行为已经明显减少了。但进入21世纪后,海盗这一棘手的问题又出现在索马里海岸、亚丁湾和泛印度洋海域,而且该地区海盗行为更加有组织、有策略,更加大胆、猖狂和暴力,已成为影响世界航运的公害,给世界航运甚至国际经济造成了巨大损失。打击海盗是一项长期、艰苦而又复杂的工作,需要联合国、各国政府、各国军事力量、船公司、船长甚至每一个普通船员的共同努力。为了引起国际社会对海盗问题的关注,更有效地解决海盗问题,国际海事组织将2011年世界海事日的主题确定为"海盗:协调行动,共同应对"(Piracy:Orchestrating The Response)。

可以预见,船舶航行安全的非法行为、海上恐怖主义和海盗等问题在未来的一段时期内难以根除,海上保安将是国际海事组织和航运界长期关注的热点问题。

二、海盗、海上非法行为与海上保安事件的定义

(一)有关海盗的定义

海盗自产生以来,至今已有几千年的历史,但国际上一直没有一个统一的关于海盗或海盗行为的法律意义上的定义,只有传统的认识和各国自己的规定,这个情况直到1958年联合国召开第一次海洋法大会才得以改变。这次会议通过了《日内瓦公海公约》,第一次明确了海盗的定义。

在1982年第三次联合国海洋法大会上通过的《联合国海洋法公约》沿用了《日内瓦公海公约》中关于海盗的定义,具体如下:

第101条"海盗行为的定义",

下列行为中的任何行为构成海盗行为:

(a)私人船舶或私人飞机的船员、机组成员或乘客为私人目的,对下列对象所从事的任何非法的暴力或扣留行为,或任何掠夺行为:

(i)在公海上对另一船舶或飞机,或对另一船舶或飞机上的人或财物;(ii)在任何国家管辖范围以外的地方对船舶、飞机、人或财物;

(b)明知船舶或飞机成为海盗船舶或飞机的事实,而自愿参加其活动的任何行为;

(c)教唆或故意便利(a)或(b)项所述行为的任何行为。

由于目前国际上尚没有一个专门针对海盗问题的国际公约,1958年《日内瓦公海公约》和1982年《联合国海洋法公约》就成为认定海盗行为的最重要的国际法律文件。但这两个文件中关于海盗行为的界定条件过于严格:首先,海盗行为必须以私人船舶或私人飞机为工具,军舰、政府船舶或飞机上的海员或机组人员只有发生叛变同时又实施了海盗行为时,才能被认定为海盗行为,发生叛变但还未实施海盗行为时,不能将该船(或飞机)认定为海盗船(或飞机);其次,在犯罪动机方面,必须是为达到私人目的的行为才是海盗行为,而出于政治目的的犯罪行为按照该定义就不能判定为海盗行为;再次,犯罪地点必须在公海,在其他地区的犯罪行为

不能判定为海盗行为。另外，各国法律对海盗罪的规定不一致，有些国家尚没有海盗罪（比如我国）的规定等，这些法律问题给各国政府打击和惩戒海盗行为造成了一定的困难。

国际海事局（International Maritime Bureau，IMB）也对海盗行为进行了定义。IMB 是国际商会的一个分支机构，于 1992 年在马来西亚首都吉隆坡成立海盗报告中心。该中心的任务是收集国际海盗的活动情况并将这些情况每天播报给全世界，这些信息和数据都是关于海盗的重要情报，在预防和打击海盗方面起到重要作用。它对海盗的定义更为宽泛，将所有在海上发生的登船抢劫或暴力事件，不论其发生在公海还是领海，皆视为海盗行为，将海盗行为定义为"未获得来自主权国家的允许，在海上实施的抢劫或掠夺，其目标经常锁定其他船只，但也攻击岸上目标"，"意图使用暴力以达到盗窃或从事其他犯罪目的的任何登船或试图登船的行为"。但由于该组织是非政府组织，其对海盗行为的界定不具有法律效力。

（二）国际海事组织对海上非法行为的定义

自 20 世纪 80 年代以来，海盗的行为方式已经发生了改变，海上恐怖活动和暴力事件频发，依据《联合国海洋法公约》对现代海盗行为越来越难以界定，"阿基莱·劳罗号"被劫持事件促使国际海事组织"研究在船上发生或针对船舶的恐怖主义行为的问题"，以便就适当措施提出建议。1988 年 SUA 公约（第 3 条）对海上犯罪行为进行了定义，具体如下：

1. 任何人如非法并故意从事下列活动，则构成犯罪：

（a）以武力或武力威胁或任何其他恐吓形式夺取或控制船舶；（b）对船上人员施用暴力，而该行为有可能危及船舶航行安全；（c）毁坏船舶或对船舶或其货物造成有可能危及船舶航行安全的损坏；（d）以任何手段把某种装置或物质放置或使之放置于船上，而该装置或物质有可能毁坏船舶或对船舶或其货物造成损坏而危及或有可能危及船舶航行安全；（e）毁坏或严重损坏海上导航设施或严重干扰其运行，而此种行为有可能危及船舶的航行安全；（f）传递其明知是虚假的情报，从而危及船舶的航行安全；（g）因从事（a）至（f）项所述的任何罪行或从事该类罪行未遂而伤害或杀害任何人。

2. 任何人如从事下列活动，亦构成犯罪：

（a）从事第 1 款所述的任何罪行未遂；（b）唆使任何人从事第 1 款所述的任何罪行或是从事该罪行者的同谋；（c）无论国内法对威胁是否规定了条件，以从事第 1 款（b）项、（c）项和（e）项所述的任何罪行相威胁，旨在迫使某自然人或法人从事或不从事任何行为，而该威胁有可能危及船舶的航行安全。

1988 年 SUA 公约及其议定书，包括 2005 年重新修订的公约及议定书对海盗及海上犯罪行为重新定义，并要求各国通过国内刑法对该种犯罪进行惩治，规定了对这些罪行各国都有管辖权，并且规定了各种管辖权之间的顺位，试图弥补《联合国海洋法公约》对海盗行为界定过于严格这一缺陷。

（三）国际海事组织对海上保安事件的定义

1. 定义

SOLAS 公约第XI-2 章及 ISPS 规则的内容针对海上保安，其中关于保安的一些重要定义如下：

（1）船/港界面活动系指当船舶受到涉及往来于船舶的人员、货物移动或港口服务提供等活动的直接和密切影响时发生的交互活动。

（2）港口设施系由缔约方政府或由指定当局确定的发生船/港界面活动的场所，其中包括锚地、锚泊区和进港航道等区域。

（3）船到船活动系指涉及物品或人员从一船向另一船转移的任何与港口设施无关的行为。

（4）指定当局系指在缔约方政府内所确定的负责从港口设施的角度确保实施本章涉及港口设施保安和船/港界面活动规定的机构或行政机关。

（5）保安事件系指威胁船舶（包括移动式海上钻井装置和高速船）、港口设施或任何船/港界面活动或任何船到船活动保安的任何可疑行为或情况。

（6）保安等级系指企图造成保安事件或发生保安事件的风险级别划分。

（7）保安声明系指船舶与作为其界面活动对象的港口设施或其他船舶之间达成谅解的书面记录，规定各自将采取的保安措施。

（8）认可的保安组织（RSO）系指经授权进行本章或 ISPS 规则 A 部分所要求的评估，或验证，或批准，或发证活动，具备相应保安专长并具备相应船舶和港口操作方面知识的组织。

2. 适用范围

SOLAS 公约第 XI-2 章适用于从事国际航行的客船（包括高速客船）、500 总吨及以上的货船（包括高速货船）、移动式海上钻井装置、服务于国际航行船舶的港口设施，不适用于军舰、军事辅助船及由缔约方政府拥有或经营的并仅用于政府非商业性服务的其他船舶。该章中的任何内容均不影响国际法赋予各国的权利和义务。

3. 缔约方政府的保安义务

主管机关应为悬挂其国旗的船舶规定保安等级并确保向其提供保安等级方面的信息。当保安等级发生变化时，保安等级信息应根据情况予以更新。缔约国政府应为其境内的港口设施和进入其港口前的船舶或在其港口内的船舶规定保安等级并确保向其提供保安等级方面的信息。当保安等级发生变化时，应视情况对保安等级信息予以更新。

三、STCW 公约有关海上保安的规定

《STCW 公约马尼拉修正案》对 STCW 78/95 进行了大幅度的修改，新增了保安方面的要求。附则第 VI 章"应急、职业安全、保安、医护和求生职能"第 VI/5 条明确了签发船舶保安员培训合格证的强制性最低要求，第 VI/6 条提出了对所有海员与保安有关的培训和训练的强制性最低要求。

STCW 公约马尼拉修正案规定的保安培训分为四种类型：熟悉保安培训、保安意识培训、承担制定保安职责人员的培训和船舶保安员培训。船舶保安员必须持有船舶保安员培训合格证；所有海员必须持有保安意识培训合格证；被指定承担保安职责的海员还应持有承担指定保安职责培训合格证。

第二节　船舶与港口设施保安

　　根据 SOLAS 公约第 XI-2 章(加强海上保安的特别措施)第 4 条(对公司和船舶的要求)规定,公司和船舶应符合第 XI-2 章和 ISPS 规则 A 部分的相关要求,并考虑到 ISPS 规则 B 部分提供的指导。ISPS 规则是船舶和港口设施保安的主要依据。

一、ISPS 规则简介

　　ISPS 规则由三个部分构成。第一部分是序言,主要描述了国际海事组织有关修改 SOLAS 公约和制定 ISPS 规则的工作过程,指出 SOLAS 公约第 XI-2 章的规定和本规则适用于船舶和港口设施。序言强调在起草规定时,已确保与经修正的 STCW 公约、ISM 规则以及检验和发证协调系统(HSSC)的规定之间的相容性。序言强调,在实施 SOLAS 公约第 XI-2 章和本规则 A 部分的海上保安规则时,应考虑到本规则 B 部分所提供的指导。第二部分是关于经修正的 SOLAS 公约第 XI-2 章规定的强制性要求(A 部分)。第三部分是关于经修正的 SOLAS 公约附则第 XI-2 章以及本规则 A 部分规定的导则(B 部分)。为了使用方便,A 部分和 B 部分在编排格式上保持了一致,涉及了总则、定义、适用范围、缔约方政府的责任、保安声明、公司的义务、船舶保安、船舶保安评估、船舶保安计划、记录、公司保安员、船舶保安员、船舶保安培训操练和演习、港口设施保安、港口设施保安评估、港口设施保安计划、港口设施保安员、港口设施保安培训操练和演习、船舶的验证和发证等 19 条内容。

　　ISPS 规则中一些常用的定义如下:

　　(1)船舶保安计划(SSP)系指为确保在船上采取旨在保护船上人员、货物、货物运输单元、船舶备品或船舶免受保安事件威胁的措施而制订的计划。

　　(2)港口设施保安计划(PFSP)系指为确保采取旨在保护港口设施和港口设施内的船舶、人员、货物、货物运输单元和船舶备品免受保安事件威胁的措施而制订的计划。

　　(3)船舶保安员(SSO)系指由公司任命的在船上负责保安并对船长负责的人员,其责任包括实施和保管船舶保安计划以及与公司保安员和港口设施保安员进行联络。

　　(4)公司保安员(CSO)系指由公司任命负责确保船舶保安评估得以开展、船舶保安计划得以制订、提交批准,而后得以实施和保管,并与港口设施保安员和船舶保安员进行联络的人员。

　　(5)港口设施保安员(PFSO)系指经任命负责制订、实施、修订和保管港口设施保安计划以及与船舶保安员和公司保安员进行联络的人员。

　　(6)保安等级 1 系指应始终保持最低限度的适当防范性保安措施的等级。

　　(7)保安等级 2 系指由于保安事件风险升高而应在一段时间内保持适当的附加防范性保安措施的等级。

　　(8)保安等级 3 系指当保安事件可能或即将发生(尽管可能尚无法确定具体目标)时应在一段有限时间内保持进一步的特定防范性保安措施的等级。

二、船舶保安流程

(一)船舶保安评估(Ship Security Access, SSA)

船舶保安评估是 SSP 制定和更新过程的重要和必要组成部分。通过 SSA 可确定影响船舶保安的各种因素,包括受到保安事件威胁的可能性(即保安风险)、存在的薄弱环节以及现有保安措施的有效性等,从而为制定或修改 SSP 提供依据。

SSA 应由公司形成文件,经过评审和认可后保存。CSO 无须亲自执行船舶保安评估,但必须对评估的结果负责。备有保安评估的文件是制定和更新 SSP 不可缺少的部分,也是船旗国主管机关或 RSO 审批 SSP 的前提。

通过 SSA,应确定并评估下列影响船舶保安的基本要素:(1)现有保安措施、程序和操作的有效性;(2)应予重点保护的船上保安关键操作;(3)船上关键操作可能受到的威胁及其发生的可能性;(4)根据保安威胁的风险优先顺序,确定并按优先顺序排定保安措施;(5)基础设施、方针和程序中的薄弱环节,包括人为因素。

评估工作应由具备评估能力、掌握评估知识的人员完成,包括风险评估专家、保安专家、船舶结构专家、船舶管理人员、船长、轮机长等,或者至少在评估过程中,能获得相关专家的协助,特别是在如下方面:(1)当前保安威胁/危险和保安模式;(2)认识和发现武器/危险物质和装置;(3)认识可能危害保安的人员特征和行为模式;(4)用于规避保安措施的技巧;(5)制造保安事件的方法;(6)爆炸物对船舶和结构的影响;(7)船/港界面活动,船舶和港口作业;(8)船舶保安和实地保安;(9)无线电和无线电通信系统,包括计算机系统和网络;(10)海洋工程、船舶及港口作业。

(二)制订/修改船舶保安计划(Ship Security Plan, SSP)

制订 SSP 是为了执行在不同保安等级下的船舶保安措施、船舶保安操作规定以及船舶保安应急事件的反应程序,从而保护船上人员、货物、货物运输单元、船舶物料和船舶本身免受保安事件的威胁,减少保安事件造成的损失。

SSP 的主要用途为:(1)描述船舶保安的组织、人员和岗位及其在保安方面的职责和任务,确保船舶保安计划的有效实施;(2)提供有关船舶日常营运过程实施保安操作的指南;(3)规定船舶在不同保安等级下应实施的具体保安措施;(4)提供船舶受到威胁或破坏时的反应程序;(5)通过培训和演练,提高船舶人员保安防范意识和技能以及应急反应能力;(6)规定船舶所配备的保安设备和系统的维护、测试和校验的要求,确保这些设备和系统处于随时可用状态等。

完整的 SSP 应包括以下基本内容:(1)船舶保安的组织结构;(2)在不同保安等级下的船舶保安措施;(3)船舶保安操作规定;(4)船舶保安事件的应急反应程序;(5)船舶保安培训与演练;(6)船舶保安设备的使用与维护;(7)船舶保安检查与保安声明;(8)向缔约方政府的联络点进行报告的程序;(9)计划本身的经常性审查和审核程序等。其中,在不同保安等级下的船舶保安措施是船舶保安计划的最基本内容。

SSP 由 CSO 负责制订并提交主管机关或 RSO 批准。一份有效的 SSP 是在对船舶保安所有相关问题进行全面评估的基础上制订的,这些问题包括船舶的特点、操作要求、航线特征、潜在威胁及保安薄弱点等,因此,每艘船舶的 SSP 的内容都有所不同。在制订 SSP 时应满足 ISPS 规则对其内容的具体要求。RSO 可为某一具体船舶编制船舶保安计划,但该保安组织不应再参加该 SSP 的审查或批准工作。主管机关可以以指南的形式对 SSP 的制订提出建议,船舶在编制保安计划时应参考这些建议。

CSO 和 SSO 必须参与保安计划的制订,评估船舶保安计划的有效性,以及确保对船舶保安计划进行适当的修订,以纠正计划中的缺陷,使其更符合船舶保安的要求。

（三）CSO 及 SSO 的职责

根据 ISPS 规则,履行保安职责的主要负责人有 CSO 和 SSO。

1. CSO 的职责

根据公司所管理的船舶的数量或类型,船公司应任命一名或数名 CSO。被任命为 CSO 的人可被指定负责一艘或数艘船舶。CSO 应履行好 ISPS 规则规定的职责,包括但不限于:(1)利用适当的保安评估和其他相关信息,就船舶可能遇到威胁的等级提出建议;(2)确保船舶保安评估得以开展;(3)确保按 ISPS 规则的要求制订 SSP,并将计划提交主管机关或 RSO 批准,加以实施和保持;(4)确保对 SSP 进行适当修改,以纠正缺陷并符合船舶保安的要求;(5)安排对保安活动进行内部审核和评审;(6)安排由主管机关或 RSO 对船舶进行的初次审核和后续验证;(7)确保对内部审核、定期评审、保安检查和符合性审核期间所确定的缺陷和不符合项予以迅速处理和解决;(8)加强整个公司内部包括船上人员的保安意识和警惕性;(9)确保负责船舶保安的人员受到适当的培训;(10)确保 SSO 和有关 PFSO 之间的有效沟通和合作;(11)确保船舶保安要求和船舶安全要求的一致性;(12)若采用了姐妹船或船队的保安计划,确保每条船的计划均能准确反映该船具体信息;(13)确保为某一特定船舶或某一组船舶批准的任何替代或等效安排得以实施和保持。

在 SSP 中应列明与 CSO 的联系方法,包括公司保安员的办公电话、家庭电话、移动电话、办公传真及 E-mail 地址等。

2. SSO 的职责

公司应在每艘船上任命一名保安员,该保安员可以是专职的,也可以是兼职的。SSO 必须掌握涉及船舶保安的所有方面的知识,接受相应的培训并取得保安证书。

SSO 的职责和责任包括但不限于:(1)定期对船舶进行保安检查,确保适当的保安措施得以保持;(2)保管船舶保安计划,并监督对船舶保安计划的实施;(3)与船上其他人员并与相关港口设施保安员协调货物和船舶备品装卸中的保安事项;(4)对船舶保安计划提出修改建议;(5)向 CSO 报告在内部审核、定期评审、保安检查和符合性审核期间所确定的缺陷和不符合项,并实施相应的纠正行动;(6)加强船上人员的保安意识和警惕性;(7)确保为船上人员提供适当的保安培训;(8)报告所有保安事件;(9)与 CSO 和相关港口设施保安员协调实施船舶保安计划;(10)确保正确操作、测试、校准和保养船舶保安设备(如有)。

ISPS 规则虽然没有用单独的章节规定其他人员的保安职责,但规则的某些条款(如第13 条——船舶保安培训、操练与演习)规定了所有相关人员,包括公司的岸上人员和全部船员,都应不同程度地掌握保安方面的知识和技能,定期接受培训和参加演习,在 SSP 中都应有各自的保安职责。

（四）SSP 的审核与发证

根据 ISPS 规则（A 部分第 9、10、11、12 条等），SSP 的审核可分为内部审核和外部审核。

1. SSP 的内部审核

公司应建立程序定期对 SSP 进行内部审核以定期评价其有效性。在每年一次的公司保安体系内部审核中，对 SSP 进行重点复查、评价和审核。CSO、船长、SSO 应参加具体船舶的保安计划的定期内部审核。对在审核过程中发现的问题、缺陷以及不符合项应及时修正，并通过保安评估的方式对修正后的 SSP 予以验证。有关 SSP 的内部审核的记录应按规定予以保存。

2. SSP 的外部审核和发证

船舶必须通过主管机关或其授权 RSO 的审核，证明该船符合 SOLAS 公约第 XI-2 章以及 ISPS 规则的要求，同时验证船舶保安计划能有效地实施，方能取得国际船舶保安证书（ISSC 证书），为此目的而开展的审核称作船舶保安审核。

（1）船舶保安审核的种类

ISPS 规则规定的船舶保安审核的种类有初次审核、换证审核、中间审核、附加审核。

初次审核是在船舶投入营运之前或第一次签发 ISSC 证书之前进行的审核。初次审核应进行下列验证：（a）SOLAS 公约第 XI-2 章、ISPS 规则 A 部分和经批准的 SSP 所要求的船舶保安体系和任何相关保安设备的完整性；（b）船舶保安体系和相关保安设备符合 SOLAS 公约第 XI-2 章、ISPS 规则 A 部分的所有适用要求；（c）所有相关保安设备处于令人满意的状况并适合预定用途；（d）确认船上人员熟悉 SSP 中规定的需要承担的职责和责任。如在审核过程中发现存在不合格项，船舶及其公司应予以纠正和（或）采取纠正措施。通过初次审核的船舶主管机关将为之签发 ISSC 证书。

换证审核又称换新审核，是在船上现有 ISSC 证书到期，申请换发新证书前进行的审核。换证审核应按初次审核的要求完成，并应确认所有船舶保安设备都按 SSP 的要求进行了保养和校准。换证审核的间隔期不应超过 5 年，并应在证书到期日之前的 3 个月内进行。通过换证审核的船舶主管机关将为之签发新的 ISSC 证书。

在初次审核和换证审核之间船舶应进行中间审核。中间审核应包括检查船舶保安体系，确认所有船舶保安设备都按 SSP 的规定保养和校准，以确保其处于适合船舶预定营运的令人满意的状态。在 ISSC 证书有效期内应至少进行一次中间审核。如仅进行一次中间审核，该审核应在证书的第 2 个和第 3 个周年日之间进行。中间审核完成后，应在 ISSC 证书上予以签注。在中间审核时，如有要求对不合格项船舶应及时采取纠正措施。

附加审核由主管机关决定何时进行，但 ISPS 规则并没有列出须进行附加审核的具体情况。一般情况下，船舶应在下列情况申请附加审核：（a）船旗国主管机关要求时；（b）船舶保安体系发生重大变更；（c）船舶配备的保安设备发生重大变更；（d）批准的 SSP 发生重大改变；（e）发生船舶因保安缺陷导致被滞留、驱逐出港等情况。附加审核包括确认船舶相关保安设备按 SSP 的规定进行了保养和校准。附加审核完成后，主管机关应在证书上予以签注。

（2）国际船舶保安证书（ISSC 证书）

①证书签发

（a）在完成船舶保安初次或换证审核,认为 SSP 的实施和船舶保安设备完全满足 SOLAS 公约第XI-2 章和 ISPS 规则 A 部分所有适用要求,主管机关应签发 ISSC 证书。该证书由主管机关或 RSO 代表主管机关签发。另一缔约方政府也可代为审核并签发,如此签发的证书应载明是应主管机关的请求而签发的,与主管机关签发的证书具有同等效力。

（b）主管机关或 RSO 也可根据有关规定,为船舶签发临时 ISSC 证书。

②证书签注

按要求完成规定的中间审核和任何附加审核,认为 SSP 的实施和船舶保安设备完全满足 SOLAS 公约第XI-2 章和 ISPS 规则 A 部分所有适用要求,不存在任何不合格项,主管机关或 RSO 应在 ISSC 证书上予以签注。

③证书有效期

（a）ISSC 证书的有效期为自初次审核或换证审核完成之日起最长不超过 5 年。临时 ISSC 证书的有效期为 6 个月,或直到签发 ISSC 证书时止。

（b）如换证审核已完成,而新证书在现有证书到期日之前不能签发或不能发放到船上,可以在现有证书上签注,签注后的证书的有效期自证书到期之日起,最长不超过 5 个月。

（c）证书到期时,船舶不在可以实施审核的港口,如主管机关准许延长 ISSC 证书的有效期,可以为其办理展期,但该项展期只能以使船舶完成其驶抵进行审核港口的航次为限。对任何证书的展期均不得超过 3 个月。临时 ISSC 证书不得展期。

（d）签发给从事短途航行船舶的证书,可由主管机关给予最多 1 个月的宽限期。

（e）ISSC 证书的到期日可协调至与船舶安全管理证书（SMC）载明的到期日相同。

④证书失效

遇有下述情况之一者,ISSC 证书将失效:

（a）未在规定的期限内进行相关审核;

（b）证书未按规定进行签注;

（c）持有 ISSC 证书的船舶实质性地更换了对该船承担经营管理责任的公司;

（d）船舶改悬挂另一缔约国或地区的船旗。因 ISSC 证书失效而重新申请取证,需按初次审核的要求进行审核,合格后重新签发 ISSC 证书。

（五）SSP 的控制与维护

SSP 是船舶保密文件,由 SSO 负责保管。SSP 应建立程序加以保密控制,以确保:(1)防止擅自接触或泄露;(2)如采用电子文件形式保存,防止其被擅自删除、破坏或修改;(3)计划中的有关机密信息,未经有关缔约国政府同意,不得被检查。

SSP 应根据 CSO 对本船年度保安评估结果进行必要的修订。如对 SSP 进行重大修订,在实施之前,必须经船旗国主管机关或 RSO 审批。

SSO 在进行职务交接时,必须按公司的规定进行 SSP 的交接,并填写 SSP 交接报告。交班保安员应向接班保安员介绍本船 SSP 的要点、实施情况、管理与修改情况等。以上活动均应适当记录。

（六）保安培训与演习

ISPS 规则 A 部分第 13 条（船舶保安培训、操练和演习）要求 CSO、相关的岸上人员、SSO、船上承担保安职责的人员等要根据规则 B 部分第 13 条（为确保船舶安全而进行的培训、演习和训练）的指导，掌握保安方面的知识并受到相应的培训；为确保 SSP 的有效实施，应考虑到船舶类型、船上人员的变动、所停靠的港口设施和其他相关情况，按适当的间隔期开展演练。CSO 应按适当的间隔期参加演习，由此确保有效协调和实施 SSP。

根据 ISPS 规则 B 部分第 13 条，保安演习和训练的目的是确保船上人员熟悉在各保安等级中的职责，以及确保鉴别所有与保安方面有关的缺陷。为有效落实 SSP 的规定，应至少每 3 个月进行一次演习。此外，如一次有 25%以上的船员发生变更，且这些人员在最近的 3 个月中没有参加过该船的演习，则必须在发生变更的一个星期内进行演习。由 CSO、港口设施保安员、有关缔约方当局以及 SSO 参加的演习在 18 个月的间隔期内应至少每年进行一次。这些演习应测试通信、协调、资源共享和应答，训练方式可以是全方位或现场；桌面模拟或专题讨论会；结合其他训练，例如搜救或应急反应训练。公司参与其他缔约方政府的训练应经主管机关认可。

（七）船舶在不同保安等级时的行动

如前所述，船舶的保安等级分为三级，船舶须按缔约方政府规定的保安等级采取行动。

（1）保安等级 1——应通过适当的措施并考虑到 ISPS 规则 B 部分（第 8、9、13 条）的指导，在船上开展以下活动，以便针对保安事件确定并采取防范措施：①确保履行船舶的所有保安职责；②对登船予以控制；③控制人员及物品上船；④监控限制区域，确保只有经过授权的人员才能进入；⑤监控甲板区域和船舶周围区域；⑥监督货物和船舶备品装卸；⑦确保随时可进行保安通信。

保安等级 2——应考虑到规则 B 部分（第 8、9、13 条）的指导，对上述活动实施船舶保安计划中规定的附加防范性保安措施。

保安等级 3——应考虑到规则 B 部分（第 8、9、13 条）的指导，对上述活动实施船舶保安计划中规定的进一步的特定防范性保安措施。

（2）如果主管机关规定了保安等级为 2 或 3，船舶应确认已收到关于改变保安等级的指令，并迅速提高船舶的保安等级和实施相应的船舶保安措施。

（3）船舶在进入缔约方境内的港口之前，或在缔约方境内的港口期间，如果缔约方政府规定的保安等级高于船舶主管机关为其规定的保安等级，船舶应符合缔约方政府规定的保安等级要求。

如果缔约方政府规定了保安等级为 2 或 3，船舶应确认已收到指令，并应向港口设施保安员确认已开始实施以下措施：

①SSP 中所列明的适当措施和程序；

②在保安等级为 3 时，缔约方政府发出的指令中所列明的适当措施和程序。

船舶应向缔约方主管机关报告在实施这些措施和程序过程中遇到的任何困难。如有必要，SSO 应与 PFSO 进行联络并协调适当的行动。

（4）如果船舶按其主管机关要求所设定的或已处于的保安等级高于其拟进入或所在港

口的保安等级,船舶应立即将此情况通知港口设施所在缔约方的主管机关和PFSO。如有必要,SSO应与PFSO进行联络并协调适当的行动。

(5)在缔约方政府规定了保安等级并已确保向在其领海或意图进入其领海的船舶提供了保安等级的信息时,船舶应保持戒备,并立即向其主管机关和附近任何沿岸国报告其所注意到的可能影响该区域海上保安的任何信息。

(6)如果船舶不能符合船舶主管机关或另一缔约方政府规定的适用该船舶保安等级的要求,则该船应在进行任何船/港界面活动之前,或在进港之前(以先者为准)将该情况通知适当的主管当局。

(八)保安声明

保安声明作为船舶在发生船/港界面活动或船/船活动期间,与港口设施或其他船舶之间达成谅解的书面记录,主要用于协调双方各自保安计划要求的保安措施,明确各自的责任,以求达到共同的保安要求。

1. 需要填写保安声明的情况

根据ISPS规则的要求,缔约方政府应通过评估船/港界面活动或船到船活动对人员、财产或环境造成的危险,确定何时要求提交保安声明:

船舶在以下情况下可被要求填写保安声明(ISPS规则A部分第5.2条):(1)该船营运所处的保安等级高于作为其界面活动对象的港口设施或其他船舶的保安等级;(2)在缔约国政府之间有涉及某些国际航线或这些航线上具体船舶的关于保安声明的协议;(3)曾经有过涉及该船或该港口设施的保安威胁或保安事件(按适用情况);(4)该船位于一个不要求具有和实施经批准的港口设施保安计划的港口;(5)该船与另一艘不要求具有和实施经批准的船舶保安计划的船舶进行船到船活动。

如果船舶收到了港口设施或他船要求签署保安声明的请求,应及时予以确认并回复,同时应积极采取相关保安措施,维护好保安状况。

如果船舶要求签署保安声明的请求没有得到对方回应,船长和船舶保安员应进行保安风险评估,并且根据评估中所发现的薄弱环节,在船上采取相应附加保安措施以维持船舶保安。同时,SSO应在船舶保安记录中记载对方未回应船舶要求签署保安声明的事实、当时的保安状况和对方采取的保安措施及其有效性以及船舶所采取的附加保安措施。

保安声明应由以下各方填写:(1)船方——船长或SSO;(2)港口设施——PFSO,或如果缔约方政府另行决定,由负责岸上保安的任何其他机构。

2. 有关保安声明的其他要求

(1)保安声明应提出港口设施与船舶之间(或船舶与船舶之间)可以共用的保安要求,并应说明各自的责任。

(2)缔约方政府应规定其境内港口设施保存保安声明的最低期限。

(3)主管机关应规定悬挂其国旗的船舶保存保安声明的最低期限。

(4)若在声明的有效期内保安等级发生变化,应改变或重新制定保安声明。

(5)保安声明的语言应是英语、法语、西班牙语或界面活动双方均熟悉的语言。

另外,船舶与港口之间、船舶与船舶之间的保安声明按规定的格式填写。

（九）记录

ISPS规则A部分第10条规定,SSP所涉及的以下活动的记录应按主管机关规定的最低期限保存在船上:(1)培训、训练和演习;(2)保安状况受到的威胁和保安事件;(3)保安状况受到的破坏;(4)保安等级的改变;(5)与船舶直接保安状况(例如对船舶或对船舶所停留或曾经停留的港口设施的具体威胁)有关的通信;(6)保安活动的内部审核和评审;(7)对船舶保安评估的定期评审;(8)对船舶保安计划的定期评审;(9)对保安计划任何修正的实施;(10)船上保安设备的保养、校准和测试,包括对船舶保安警报系统的测试。

应使用船上的一种或几种工作语言来保持记录。如果所用语言不是英语、法语或西班牙语,还应包括上述其中一种语言的译文。

记录可以用电子格式保存。在这种情况下,应通过程序对其加以保护,防止其被擅自删除、破坏或修改,还应防止擅自接触或泄露该记录。

三、港口设施保安

作为船/港界面活动的另一方,港口设施保安是海上保安的另一个重要环节。港口设施保安的内容包括港口设施保安评估、港口设施保安计划、港口设施保安组织/保安员、港口设施保安声明、港口设施保安培训、演练和演习、港口设施保安审核和发证等,与船舶保安的内容和流程类似,不再赘述。

第三节　我国的海上保安

中国作为SOLAS公约的缔约国,为了更好地履行SOLAS公约及ISPS规则,对ISPS规则进行了国内化立法。交通部于2003年11月14日发布了《港口设施保安规则》(交水发〔2003〕500号,现已废止),于2004年6月16日发布了《船舶保安规则》(交海发〔2004〕315号,现已废止)。2007年,交通部对这两个规则进行了更新,修改后的规则更名为《中华人民共和国国际船舶保安规则》(2007年7月1日生效,2019年6月3日修正,以下简称《国际船舶保安规则》),《中华人民共和国港口设施保安规则》(2008年3月1日生效,2019年11月28日修正,以下简称《港口设施保安规则》)。2008年5月14日,中国海事局发布了《中华人民共和国国内船舶保安规则(试行)》。上述规章是中国政府履行保安义务和职责的依据。

一、中国政府关于国际航行船舶保安的职责

（一）主管机关及其职责

根据《国际船舶保安规则》第3条的规定,交通运输部主管全国船舶保安工作,中国海事局负责具体执行SOLAS公约和ISPS规则规定的缔约方政府船舶保安主管机关的职责。交通运输部在沿海设立的海事管理机构按照本规则具体履行下列职责:(1)负责管理船舶保安员和公司保安员的培训,对通过规定的船舶保安培训并经考试合格者,签发相应的培训

合格证;(2)接收船舶海上保安信息,并在法定的职责内按照规定的程序采取相应的行动;(3)向已经进入中国领海或者已经报告拟进入中国领海的船舶提供相应的保安信息,向相关部门通报保安信息,并按照法定职责采取相应的行动;(4)实施船舶保安监督管理,检查船舶连续概要记录、国际船舶保安证书、临时国际船舶保安证书、保安报警装置、保安演习以及本规则规定的其他船舶保安事项,检查已经批准的船舶保安计划以及修订内容的有效性;(5)对船舶保安员、公司保安员实施监督管理;(6)中国海事局规定的其他船舶保安职责。

该规则第6条规定,中国海事局应当根据威胁信息的可信程度、得到佐证的程度、具体或者紧迫程度以及保安事件潜在的后果确定和调整船舶的保安等级。威胁信息包括但不限于以船舶为载体或者工具对下列对象产生威胁的信息:国家安全、公共安全、公共卫生、公共环境、公共资源、海上通信安全、重要设施安全、社会治安等。

船舶保安等级由交通运输部发布。交通运输部发布船舶保安等级时,可以视情发出适当的指令,并向可能受到影响的船舶提供保安信息。

(二)《国际船舶保安规则》的适用范围

该规则第2条规定,本规则适用于下列从事国际航行的中国籍船舶和从事国际航运业务的中国公司以及进入中国管辖海域的外国籍船舶:(1)客船;(2)500总吨及以上的货船;(3)500总吨及以上的特种用途船;(4)移动式海上钻井装置。本规则不适用于军用船舶和仅用于政府公务用途的船舶。

二、海上保安报警和处置

中国海上搜救中心总值班室是全国船舶和港口设施保安的总联络点,负责全国船舶和港口设施的保安报警接收和保安信息联络工作。

交通运输部在沿海设立的各海事管理机构的值班室,负责下列事项的对外联系工作:(1)接收港口保安信息和船舶保安信息,针对接到的保安报警及时按照船舶保安应急反应程序采取通告有关部门等保安行动;(2)对船舶提供保安建议或者援助;(3)为拟进入我国领海和港口的船舶提供保安信息和保安通信联系;(4)按规定程序向中国海上搜救中心总值班室报告保安信息。

当出现威胁船舶、船港界面活动或者船到船活动安全的任何可疑行为或者情况,船长或者船舶保安员应当向船舶所在公司进行船舶保安报警。

公司保安员收到船舶保安报警后,应当立即与保安事件发生地的海事管理机构联系,报告船舶的船名、船籍、位置、船舶种类、船上人员和货物情况、受到的保安威胁等情况,同时通报船籍港海事管理机构,如涉及港口设施,还应通报港口设施所在地港口行政管理部门。

船舶应当制定并落实有关措施妥善使用船舶保安警报设备,以防止船舶发生误报警。保安报警的测试应当避免采取直接与海上保安联络点之间测试的方式,以保证海上保安报警线路的畅通。如船舶发生误报警,应当采取措施立即消除,并向有关海事管理机构报告;海事管理机构以及其他单位和个人因对误报警采取行动支付的额外费用,由误报警的船舶承担。

中国海事局负责统一对外发布除保安等级以外的船舶保安信息,并发布全国性或者局部重要性的船舶保安指令。各海事管理机构根据中国海事局的授权,向相关单位发布船舶保安信息和指令。

海事管理机构收到港口保安事件和其他港口保安信息后,应当按照应急反应程序,通知相关的公司和船舶,协调港口设施和船舶的保安行动,同时及时通报港口行政管理部门。

海事管理机构收到中国管辖水域内船舶的保安报警后,应当按照规定的程序及时采取应急反应措施。海事管理机构收到中国管辖水域外船舶的保安报警后,应当立即向中国海事局报告,由中国海事局按照规定的程序采取通知该船舶航行位置附近国家等行动。

《国际船舶保安规则》还规定了对船舶和船公司的要求、审核和发证、监督检查与法律责任、附则等内容,具体内容详见规则内文。

三、国内航行船舶和港口设施保安

国内航行船舶和港口设施保安方面的规定,在相关定义、保安管理流程、保安审核和发证等方面与国际船舶保安规则的相关规定类似,在适用范围、负责机构和职责等方面存在差异,具体规定详见《中华人民共和国国内船舶保安规则(试行)》和《港口设施保安规则》。

第十一章　通航管理

第一节　概　述

一、通航管理的定义

水上交通安全管理是交通安全工作的重要组成部分,通航管理又是水上交通安全管理的重要内容。要了解通航管理,首先要了解船舶交通及通航环境两个概念。

(一)船舶交通

交通是指人与交通工具的运动,由于海上交通运输的主要工具是船舶,则船舶在海上的运动被称为船舶交通或海上交通。综合世界各国海上交通工程学者的研究内容与成果,本书将船舶交通或海上交通定义为指定区域内船舶运动的组合与船舶行为的总体。

由此可见,船舶交通不是指运动的船舶,而是指船舶的运动。因此船舶交通管理的对象不是船舶而是船舶交通。

(二)通航环境

通航环境是指船舶、设施在水上航行、停泊、作业所需的条件,包括水面、水下、水上、沿岸等对水上交通安全的影响。通航环境可以理解为船舶在实施具体交通行为和交通活动中所依赖的客观物质世界和各种社会关系的综合体,是对船舶的交通活动产生影响的各种自然因素和社会因素的总称。从船舶所依赖的客观条件来看,通航环境具有自然属性和社会属性。

通航环境的自然属性是指特定水域的航道条件、水文条件和气象条件因素。航道条件因素是涉及船舶航行和操纵的空间范围是否受到限制以及受到限制的程度,一般表现为水域宽度、水底平坦度和地质、水道弯曲度、浅滩礁石和其他障碍物存在的状态及变化的水文、地理状况等;水文条件因素是指水深、水流、潮汐、波浪、冰冻等对船舶交通有影响的各种因素;气象条件因素是指能见度、风、气温等对船舶交通安全有影响的因素。

通航环境的社会属性是指船舶、浮动设施在航行、停泊和作业时所依赖的各种人工条件和社会关系,主要包括影响航行水域的交通条件、水资源综合开发利用的影响和通航秩序条件。航行水域的交通条件是指港口和航道的布置及其配置的设施设备、水域中的助航标志和设施、交通管理规章和手段等。水资源的综合开发利用是国家开发利用水资源发展流域经济而实施的相关行为,这些行为必然给航运发展带来影响,如石油开发、捕鱼、水产养殖、建桥、建坝、水力发电、挖沙以及构筑水上设施等。通航秩序条件涉及在水上航行、停泊、作业的船舶、设施的基本状态,船舶密度及分布,船舶航迹分布,交通流方向和速度等条件。

(三)通航管理

通航管理是指水上交通安全主管机关或海事管理机构依据国家有关法律、法规和行政规章,在指定区域内对船舶运动组合、船舶行为、环境条件总体上实施的管理行为。

从广义上讲,通航管理的内容包括与船舶交通相关的所有内容,不同类型区域的水上交通具有不同的特点和内容,需要区别对待。按水域类型,通航管理分为海上通航管理、内河通航管理和水库及湖泊等封闭水域通航管理。

从狭义上讲,通航管理是对船舶交通活动产生影响的各种自然因素和社会因素的有效管理活动。其主要管理内容有通航环境、通航秩序,以及相关人为活动的管理。

二、通航管理相关法规体系

(一)国际公约

(1)《1974年国际海上人命安全公约》中第Ⅴ章航行安全,专门就航行中的危险、航行设备的配备要求、航行安全管理、船舶引航、船舶定线制和船舶报告系统等方面做出了相应规定。例如,在船舶定线制方面,公约规定了船舶定线制的初次建立是各有关政府的责任,为使国际海事组织通过此系统,在建立此类系统时,应考虑已制定的导则和规范。缔约方政府遵守已通过的关于船舶定线制的措施,应公布安全有效地使用船舶定线制所必需的资料,并在权力范围内采取任何措施确保适当使用已通过的船舶定线制。

(2)《1972年国际避碰规则公约》原是SOLAS公约1948年文本的第2附件,1972年修改后成为《1972年国际海上避碰规则公约》。它是为确保船舶航行安全、预防和减少船舶碰撞,规定在公海和连接于公海的一切通航水域内共同遵守的海上交通规则。

该公约规定凡是船舶及水上飞机在公海及与其相连可以通航海船的水域,除在港口、河流实施地方性的规则外,都应遵守该规则。公约内容主要涉及与船舶航行相关的定义、号灯及标记、驾驶及航行规则等。规则对在航及锚泊的船舶悬挂号灯的位置和颜色、失去控制的船舶应使用的号灯和号型、船舶在雾中航行以及驾驶规则等都做了详细的规定。我国于1980年加入《1972年国际海上避碰规则公约》。

自《1972年国际海上避碰规则公约》1977年7月15日生效以来,国际海事组织于1981年、1987年、1989年、1993年、2001年、2007年和2013年分别对其进行了修正,七次修正均已生效。

(3)为了指导各国具体考虑与建立船舶定线制,1985年11月20日,国际海事组织通过

A.572(14)号决议,即《船舶定线制的一般规定》。该文件就定线制的目的、定义、程序、责任、方法、规划设计标准、分道通航制的临时性调整、定线制的使用和符号等9个问题做出具体规定。此后,国际海事组织在第十六届、第十九届大会以及海上安全委员会第六十届、第七十届、第七十三届会议上,对《船舶定线制的一般规定》进行了5次修改完善,先后引进"深水航路""避航区""禁锚区""群岛海道"等新的管理概念。1995年11月23日,国际海事组织大会以A.827(19)号决议附则3通过了《船舶定线制的一般规定》修正案,对原规定进行大幅修正,引进"强制定线制"的概念,船舶定线制法理框架已经确立和基本完善,船舶定线制得到更为广泛的实施。

(4)《船舶交通服务指南》。2011年3月国际海事组织A.857(20)通过了《船舶交通服务指南》(以下简称《VTS指南》)和《VTS值班员的录取、资格和培训的指南》。VTS指南要求各国政府在建设、实施和运行VTS时应考虑该指南,并建议各国政府鼓励船舶在航行于提供船舶交通服务的水域时,船长应利用此类服务。VTS指南是与SOLAS公约第V/8-2条款相关的,描述了运行VTS和参加船舶的原则及一般操作规定。指南应与适用的船舶报告系统指南和标准MSC.43(64)及国际航标协会(IALA)VTS手册一起使用。

(二)国内法规

(1)《海上交通安全法》第三章"海上交通条件和航行保障"和第四章"航行、停泊、作业"就通航管理的内容进行了阐述。该法规第19条规定:"海事管理机构根据海域的自然状况、海上交通状况以及海上交通安全管理的需要,划定、调整并及时公布船舶定线区、船舶报告区、交通管制区、禁航区、安全作业区和港外锚地等海上交通功能区域。"第33条规定:"船舶航行、停泊、作业,应当持有有效的船舶国籍证书及其他法定证书、文书,配备依照有关规定出版的航海图书资料,悬挂相关国家、地区或者组织的旗帜,标明船名、船舶识别号、船籍港、载重线标志。船舶应当满足最低安全配员要求,配备持有合格有效证书的船员。海上设施停泊、作业,应当持有法定证书、文书,并按规定配备掌握避碰、信号、通信、消防、救生等专业技能的人员。"

(2)《内河条例》第三章明确船舶在内河航行、停泊和作业时应遵守的交通规则、避碰原则、引航规定、停泊规定;在内河通航水域或者岸线上进行影响通航安全的作业或者活动时,应当提前报海事管理机构批准,并依照法律、行政法规的规定进行施工作业。

(3)《中华人民共和国航道管理条例》于1987年8月22日由国务院发布,根据2008年12月27日《国务院关于修改〈中华人民共和国航道管理条例〉的决定》做出修订。该条例是为加强航道管理,改善通航条件,保证航道畅通和航行安全,充分发挥水上交通在国民经济和国防建设中的作用而制定的条例。该条例适用于中华人民共和国沿海和内河的航道、航道设施以及与通航有关的设施。该条例明确规定了航道管理的内容,主要包括各类航道的规划与建设、航道的保护,以及航道养护经费等。

三、通航管理机构

我国通航管理的主管机构是交通运输部海事局,具体职责为:管理通航秩序、通航环境;负责禁航区、航道(路)、交通管制区、港外锚地和安全作业区等水域的划定;负责禁航区、航道(路)、交通管制区、锚地和安全作业区等水域的监督管理,维护水上交通秩序;核定船舶靠泊安全条件;核准与通航安全有关的岸线使用和水上水下施工、作业;管理沉船沉物打捞和碍航物清除;管理和发布全国航行警(通)告,办理国际航行警告系统中国家协调人的工作;审批外国籍船舶临时进入我国非开放水域;负责港口对外开放有关审批工作以及中国便利运输委员会日常工作。

第二节 船舶交通管理

一、船舶交通管理概述

船舶交通是指在某一特定区域内的单个船舶运动的组合和船舶行为的总体。因此,船舶交通不是指单个船舶的运动或单个船舶的行为,而是指船舶运动的组合,它包括使用这个区域的所有船舶的运动。

船舶交通管理是指对特定区域内船舶运动的组合与船舶行为的总体所实施的管理。船舶交通管理通常是在船舶交通繁忙或拥挤、交通事故频发以及一旦发生交通事故将会造成财产、人命和环境重大损失的区域内实行。船舶交通管理的主要目的是保障船舶航行安全、防止交通事故、提高船舶营运效率以及保护水域的自然环境。

船舶交通管理包括船舶交通规则和船舶交通控制两个方面。船舶交通规则属于宏观、静态的管理,是根据过去一段时间内船舶交通实况和船舶交通事故实况所制定的原则,并借助水上交通标志来规范交通运行。它可在较长的时间内保持不变,而且适应的范围广,既可适应不同种类的船舶和较大的水域管理,也可以使船舶按照交通规则自主地航行,而无须交通管理人员的介入。船舶交通控制属于微观、动态的管理,是根据时刻变化的交通情况,及时搜集各种交通信息,以不同方式影响和控制船舶交通的状态和行为,甚至于指挥交通。

二、船舶交通规则

船舶交通规则是各项交通法规中所有涉及船舶运动和行为的具体规定,从交通管理的范围和船舶本身的动态来说,船舶交通规则主要包括船舶航行规则、船舶停泊规则和避碰规则三个方面。

(1)船舶航行规则是指所有涉及船舶常规运动的交通规则。船舶交通作为世界上一种物质运动形式,可以从运动的空间、运动的线路、运动的速度、运动的状态等方面加以规定。

①规划船舶交通空间。涉及船舶交通空间的规则主要是航行水域界限的各种规定。它从国家主权、经济效益、航行安全、环境保护各方面出发,划定了哪些水域可供船舶航行以及哪些水域禁止(或某类船舶)航行,如规定通航水域内的禁航区、锚地、停泊区、作业区、桥区、交通管制区等功能水域。指定交通空间或分配交通空间,是交通规则管理船舶交通的第一步。

②指定船舶交通路线。船舶交通路线的指定在船舶交通管理中起着非常重要的作用。主要方式包括:船舶定线制,船舶在狭水道或航道中尽量靠右行驶,规定进口航道和出口航

道、大船航道和小船航道、深水航道和正常航道、快速船航道和普通航道等。交通路线的指定在交通管理程度上比交通空间的指定更进一步。

③指定行驶方向。行驶方向包括指定交通流方向或推荐交通流方向，以及规定单向航行。行驶方向的指定在船舶定线制中表现得最为明显，海图上标示的船舶定线制都用箭头标示出交通流方向。在某些航段的特定时间段，船舶只能朝一个方向航行。

④规定船舶航行速度。规定船舶航行速度主要是限制船舶在港口水域的航行速度，每一船舶在任何时候都应以安全航速行驶，以便能采取适当而有效的避碰行动，并能在适合当时环境和情况的距离以内把船停住。

⑤禁止航行和限制航行。水上交通安全管理规则，通常规定在能见度不良或大风等特定航行环境下，针对具有航行危险的船舶实施禁止航行或限制航行。

（2）船舶停泊规则包括船舶停泊区域的指定、船舶停泊安全状态的维持和船舶停泊方法的规定。各水域通航安全管理规定和港章中，通常规定了锚地范围和码头水域范围。船舶泊位必须由港方指定，船舶应在指定的泊位停靠，并保持安全状态，不得在航道港池内锚泊，应显示适当的信号等。

（3）避碰规则是船舶避免碰撞事故的行为规范，它具有技术规范和法律规范的双重性质。避碰规则包括国际海上避碰规则、内河避碰规则、各港港章及水道航行规定中涉及船舶避碰的具体条款三个方面。避碰规则对船舶在互见中、能见度不良时的行动做出了许多具体规定，涉及航行戒备、航行方法、避让责任、避碰行动等。

三、船舶交通控制

船舶交通控制是指根据特定水域交通安全环境及其变化，适时地对船舶交通实施实时的引导、协助和强制措施，如提供水上交通安全环境信息的引导、协助船舶航行的引航、信号标志引导下的单向通航、因恶劣天气而禁航等。

传统的交通控制手段主要包括，港口用旗号、声号和标牌等通信信号控制船舶进出港，巡逻船现场疏通船舶交通，引航员上船引航等。先进的交通控制由船舶交通管理系统，凭借先进的监测、通信、数据处理手段和显示技术，通过收集、处理和评估交通数据向船舶发出信息、建议或指示来进行。而先进的交通控制由船舶交通管理系统凭借监测、通信、数据处理手段和显示技术，通过收集、处理和评估交通数据向船舶发出信息、建议或指示来进行。然而不论其手段先进与否，其本质都是根据实时的交通信息对船舶交通进行管理。

四、船舶定线制

（1）船舶定线制的定义。根据国际海事组织《船舶定线制的一般规定》，船舶定线是指一条或数条航路的任何制度或定线措施，旨在减少海难事故的危险。它包括分道通航制、双向航路、推荐航路、避航区、沿岸通航区、环行道、警戒区和深水航路。船舶定线制有利于海上人命安全、航行安全及效率和海洋环境保护。

（2）船舶定线制实施的目的是增进船舶会聚区域和交通密集区域因水域空间有限、存在航行障碍物、水深受限、气象条件不宜等，而使船舶的行动自由受到限制区域的船舶航行安全。船舶定线还可用于防止或减少由于船舶在环境敏感区域及附近发生碰撞、搁浅或锚泊而对海洋环境造成污染或其他损害的危险。

　　任何定线制的确切目的取决于想要改善的特定危险环境,部分或全部包括下列各项:①分隔相反方向的交通流,以减少对遇事件的发生;②减少横越船舶和在已建立的通航分道中航行的船舶之间的碰撞危险;③简化会聚区域的交通流模式;④在近海勘探或开发集中的区域内,组织安全交通流;⑤在对所有船舶或特定类型船舶的航行来说是危险的或不尽理想的区域或其周围,组织安全交通流;⑥在环境敏感区域内或其周围或距该区域一定安全距离的地方,组织安全交通流;⑦通过为在水深不确定或临界水深的区域内的船舶提供特殊指导以降低搁浅的危险;⑧指导船舶让清捕鱼区或组织船舶通过捕鱼区。

五、船舶交通服务(VTS)

(一)船舶交通服务的定义和目的

　　国际海事组织 A. 857(20)号决议《VTS 指南》对"船舶交通服务(VTS)"定义为:"船舶交通服务是由主管机关实施的、用于增进交通安全和提高交通效率以及保护环境的服务。在 VTS 区域内,这种服务应能与交通相互作用并对交通形势变化做出反应。"我国《船舶交通管理系统安全监督管理规则》对"VTS 系统"的定义为:"为保障船舶交通安全,提高交通效率,保护水域环境,由主管机关设置的对船舶实施交通管制并提供咨询服务的系统。"国际海事组织的定义强调 VTS 的外在服务功能和目的,而我国的 VTS 定义强调 VTS 的管制功能和系统性。可见 VTS 是一个系统,包括了由信息服务到广泛的交通管理等多方面的含意。

　　船舶交通服务的目的是提高航行安全和效率以及保护海洋环境,减少海岸、工地和近海装置可能对海上交通产生的不利影响。VTS 的有效实施能够对船舶进行识别和监视,对船舶动态做出合适的计划,提供航行信息及帮助,还可以对污染防止和处理行动进行协调与帮助。

(二)VTS 的服务功能

　　国际海事组织在《VTS 指南》中明确说明,VTS 服务包括对水域中的船舶提供信息服务、助航服务和交通组织服务三类。除了这三类基本服务功能外,各国 VTS 还可以提供联合服务。

　　(1)信息服务是一种确保船舶在航行决策过程中及时地获取必不可少的信息的服务。这种信息可涉及船舶交通、位置、意图和目的地;VTS 区域所公布的界线、程序、无线电频道和频率、报告点等信息的修改或变化;影响船舶航行的因素,例如气象、能见度情况、航行警(通)告、助航设备的状况、交通拥挤、特种船舶(其操纵性不良可能使其他船舶的航行受到限制)或者任何其他潜在的航行障碍。

　　信息服务是船舶交通管理系统对船舶管理程度最低的一种,它只是客观地向船舶提供交通信息,不干预船舶的行动,船舶如何根据所提供的信息去操纵船舶,完全由船方自己决定。信息服务的方式主要有两种:一种是广播的形式,也是主要的服务形式;另一种是咨询的形式,在船舶认为有必要的情况下,向船舶交通管理中心进行咨询。

　　(2)助航服务是一项协助船舶做出航行决策,并监视其效果,特别是在困难的航行或气象条件下或者在船舶有故障或缺陷的情况下实施的服务。该服务通常是应船舶请求或 VTS 认为必要所提供的服务。助航服务有两种形式:一是应船舶请示而提供的服务,即被动服务;二是船舶交通管理中心根据水上的交通形势,认为必要时提供的服务,即主动服务。

(3)交通组织服务是一项在 VTS 区域内防止危险情况发生和保证交通安全及高效航行的服务。交通组织服务关系到交通的操作管理,应提早计划船舶动态,以防止出现拥挤和危险局面,尤其与高密度的交通或可能影响其他交通流量的特别交通动态有关。该服务还包括根据动态的优先级别、空间的分配、VTS 覆盖水域内强制的船舶动态报告、遵循的航路、速度的限制或其他 VTS 当局认为必要的措施,来操作交通疏导系统或实行 VTS 航行计划,或将两者结合。

交通组织涉及航行的预先计划,特别适用于交通繁忙时或者有特种运输船航行可能影响其他交通流量的情况。监视交通和强制遵守的管理规则和规章是交通组织不可分割的部分。在 VTS 被授权向船舶发布指令时,该指令应该仅仅是导向性的、面向结果的,应将执行的细节,如操舵的角度或机器操纵,留给船上的船长或引航员来决定。VTS 操作不应侵犯船长指挥船舶安全航行的权力,或扰乱船长和引航员之间的传统关系。

(4)联合服务包括协助收集和发布信息,并向 VTS 参加者和相关机构发送有关信息;支持 VTS 主管机关与各方,如引航站,港口,海上安全、污染防止与控制、搜寻救助部门的联合行动;请求救助与应急部门采取行动,在适当时参与这些部门的行动。

第三节　船舶引航

一、概述

船舶引航是指由引航员引领船舶航行、靠泊、离泊、移泊的活动,是确保船舶安全顺利地进出港口和通过复杂水道的安全保障措施之一。引航是港口企业提供的一种服务,船长认为有必要时,可以向引航机构申请引航服务。但对外国籍船舶进出本国港口水域和内陆水道实行强制引航,是世界各国的普遍做法,成为一项众所周知的航运惯例,目的是维护国家主权和保障航行安全。在特殊情况下,为了保障船舶航行和港口设施安全,主管机关也会规定对本国籍船舶实行强制引航的情形。

二、船舶引航管理规定

为规范船舶引航活动,维护国家主权,保障水上人命财产安全,适应水上运输和港口生产的需要,交通部于 2001 年以第 10 号部令颁布了《船舶引航管理规定》(2021 年 9 月 1 日修改)。该规定适用于在中华人民共和国沿海、内河和港口从事船舶引航活动,规定了引航的主管机关及其管理职责、引航机构、引航员、引航的申请与实施等具体内容。

(一)主管机关

交通运输部主管全国引航工作。市级以上地方人民政府港口主管部门负责本行政辖区引航行政管理工作。交通运输部设置的长江航务管理部门负责长江干线引航行政管理工作。海事管理机构负责引航安全监督管理工作。

（二）引航机构

引航机构是指专业提供引航服务的法人。引航机构的设置方案和引航具体范围,由市级地方人民政府港口主管部门根据引航业务发展需要,向海事管理机构提出申请,经省级地方人民政府港口主管部门审核后,报交通运输部批准。

（三）引航员

引航员是指持有有效引航员适任证书,在某一引航机构从事引航工作的人员。年满20周岁、未满60周岁,具有中华人民共和国国籍、身体健康的人员,具备大专以上航海或者船舶驾驶专业学历并完成规定的专业培训、无重大船舶交通责任事故记录和严重违反船舶及船员管理违章记录的,均可申领引航员适任证书。

引航员分为助理引航员、三级引航员、二级引航员、一级引航员和高级引航员。处于各等级见习期的引航员为见习引航员。助理引航员不能独立引领船舶,见习引航员不能独立引领见习等级或者其见习等级以上等级的船舶。各等级引航员引领船舶的范围由海事管理机构根据引航区的航道、通航环境、船舶的尺度和操纵特性、特定类型船舶的安全要求,与市级地方人民政府港口主管部门协商制定,报交通运输部备案。

引航员应当尊重被引船舶的船长和船员,按规定着装和佩戴标志。高级引航员应当主持或者积极参与制定引航方案。三级以上引航员应当指导助理引航员或者见习引航员引领船舶。船舶接受引航服务时,不解除被引船舶的船长驾驶和管理船舶的责任。

（四）引航的申请与实施

应当向引航机构申请引航的船舶,可直接或者通过其代理人(外国籍船舶应通过交通运输部批准的、具有相应代理权的代理人)向相应的引航机构提出引航申请,船舶不得直接聘请引航员或者非引航员登船引航。船舶进出港或移泊的引航申请和变更,应当按市级地方人民政府港口主管部门规定的时间向引航机构提出。

引航机构在接到船舶引航申请后,应当及时安排持有有效证书的引航员,并将引航方案通知申请人。引航机构应当满足船舶提出的正当引航要求,及时为船舶提供引航服务,不得无故拒绝或者拖延。对特殊引航作业船舶的引航,引航机构应当制定引航方案,报市级地方人民政府港口主管部门和海事管理机构批准后实施。

引航员登船后,应当向被引船舶的船长介绍引航方案;被引船舶的船长应当向引航员介绍本船的操纵性能以及其他与引航业务有关的情况。引航员上船引领时,被引船舶应当在其主桅悬挂引航旗。任何船舶不得在非引领时悬挂引航旗。引航员应当谨慎引航,按规定向海事管理机构及时报告被引船舶动态。引航员发现海损事故、污染事故或违章行为时,应当及时向海事管理机构报告。引航员离船时应当向船长或者接替的引航员交接清楚,在双方确认安全的情况下方可离船。

三、法律责任

外国籍船舶进入中国港口或在港内航行、移泊以及靠离港外系泊点、装卸站等,不按规定申请指派引航员引航,或不使用按规定指派的引航员引航的,将处以警告或相应数额的罚款。在内河航行时,未按照规定申请引航的,由海事管理机构责令改正;情节严重的,禁止船舶进出港口或者勒令停航,并可以对责任船员给予暂扣适任证书的处罚。

未经批准擅自设置引航机构的,引航机构不选派适任的引航员,或者拒绝,或者拖延引航,不指定责任引航员的,由市级地方人民政府港口主管部门或者长江航务管理部门责令其纠正违法行为,并处以罚款。

港口企业不按规定配合和保障被引船舶靠离泊、不按规定向引航机构提供相关资料的,由市级地方人民政府港口主管部门或者长江航务管理部门责令其纠正违法行为,并处以罚款。

第十二章　航海保障

　　"航海保障"不是国际海事领域内通用的专业用语。在我国,航海保障是指海事管理机构所属的航海保障中心为各种水上活动提供水上交通安全信息和服务保障,包括为其辖区范围内海事航标建设养护、港口航道测量绘图、水上安全通信等提供的技术支持和服务保障。航海保障服务,是指海事机构提供的航标导助航服务(主要指航标动态和航标设置申请等)、海事测绘(主要提供水文信息、海图改正通告和海图发行)、电台通信(主要包括气象预报、台风警告和航行警告)以及综合信息等服务。航海保障系统作为国家交通运输支持系统之一,在维护水上交通安全、提升水路运输服务质量效益、保护水上环境等方面发挥着重要作用。

一、航标导助航

　　航标(Aids to Navigation),即助航标志,是帮助船舶安全、经济和便利航行而设置的视觉、音响和无线电助航设施。近年来,随着航标技术的发展,特别是无线电技术和信息技术的广泛应用,航标被赋予了新的内涵和新的服务领域,也因此有了新的定义,即航标是为各种水上活动提供安全信息的设施或系统。国际航标协会(IALA)制定的《国际航标协会助航指南》(第七版)将海上航标定义为以促进船舶和/或船舶交通的安全、有效航行为目的而设计的、在船舶之外运行的一种装置或系统。

　　航标一般具有四项功能,即定位、危险警告、确认和指示交通功能。定位功能可确定船舶所在位置;危险警告功能可表示航道及附近的危险物和碍航物;确认功能可确认船舶相对航标的距离和方位;指示交通功能可指示船舶遵循某些交通规则航行。此外,航标还具有防止船舶污染水域和保护环境的作用。除了以上传统功能外,航标还兼有为水上石油开发、水上风电开发、水上旅游、水上体育活动等提供安全信息的作用。

　　航标种类繁多,按配布的水域分为海区航标和内河航标;按配布的位置分为固定航标和浮动航标;按工作原理分为视觉航标、音响航标和无线电航标,下文将加以介绍。

　　视觉航标是专门建造的、通过向船舶上训练有素的观察者传递信息来达到助航目的的设施,包括灯塔、灯桩、立标、灯浮标、浮标、灯船和导标等。音响航标是指依靠产生的音响传递信息以引起航行人员注意其概位的助航标志;通常在能见度不良时,音响航标能发出具有一定识别特征的音响信号,使船舶知道其概略方位,起警告危险的作用。随着科学技术的发展,音响航标使用频次逐渐减少。无线电航标利用无线电波传播特性测量目标的相关参数,通常不受气候条件影响,是在复杂气象条件及能见度不良情况下的一种很有效的导航方法,可以在近、中、远距离比较可靠地完成导航任务。

（一）国际上有关航标的规定

国际上,协调管理和统一国际航标规则的机构是"国际航标协会"（International Association of Lighthouse Authorities,IALA）,成立于1957年,总部设在法国,是一个以提高航运效率,保证航行安全,交流航标技术情报,发展、协调和统一各国航标标准的非政府性国际机构。其在工作中与国际海事组织、国际港口协会、国际航运协会等国际机构保持着密切联系。

与航标有关的国际规则主要有《国际航标协会助航指南》《国际航标协会海上浮标制度》等。

《国际航标协会海上浮标制度》分为A区域规则和B区域规则。A区域规则于1976年完成,经政府间海事协商组织（国际海事组织的前身）的同意,从1977年开始实行,适用于欧洲、非洲、大洋洲和亚洲的一些国家和地区。B区域规则于1980年年初完成,适用于美洲国家和地区以及日本、韩国、菲律宾等国家。我国执行的是A区域规则。

《国际航标协会海上浮标制度》规定,海上浮标有8种类型的标志,可以结合使用。这8种标志是侧面标志（遵循浮标的习惯走向,侧面标志标示航道或推荐航道的侧面界限）、方位标志（标示某水域的最深水域在该标的同名一侧）、孤立危险标志（标示孤立危险物的存在）、安全水域标志（标示周围水域均为可航水域）、专用标志（标示特定的水域或水域的特征）、紧急沉船标志（快速标示新的危险物）、移动航标（非固定的或非系泊的航标,但不包括围绕一个位置漂移的固定或系泊浮标）和其他航标。A区域规则和B区域规则只在侧面标志上有所不同,其他4种标志完全相同。在A区域规则中,红色和绿色分别标示航道或推荐航道的左侧和右侧;在B区域规则中,红色和绿色分别标示航道或推荐航道的右侧和左侧。

（二）我国有关航标的规定

（1）《海上交通安全法》第26条规定:"国务院交通运输主管部门统一布局、建设和管理公用航标。海洋工程、海岸工程的建设单位、所有人或者经营人需要设置、撤除专用航标,移动专用航标位置或者改变航标灯光、功率等的,应当报经海事管理机构同意。需要设置临时航标的,应当符合海事管理机构确定的航标设置点。自然资源主管部门依法保障航标设施和装置的用地、用海、用岛,并依法为其办理有关手续。航标的建设、维护、保养应当符合有关强制性标准和技术规范的要求。航标维护单位和专用航标的所有人应当对航标进行巡查和维护保养,保证航标处于良好适用状态。航标发生位移、损坏、灭失的,航标维护单位或者专用航标的所有人应当及时予以恢复。"第27条规定:"任何单位、个人发现下列情形之一的,应当立即向海事管理机构报告;涉及航道管理机构职责或者专用航标的,海事管理机构应当及时通报航道管理机构或者专用航标的所有人:(1)助航标志或者导航设施位移、损坏、灭失;(2)有妨碍海上交通安全的沉没物、漂浮物、搁浅物或者其他碍航物;(3)其他妨碍海上交通安全的异常情况。"

(2)《航标条例》,1995年12月3日国务院令第187号颁布实施(2011年1月8日修订)。该条例规定:"本条例适用于中华人民共和国的领域及管辖的其他海域设置的航标。本条例所称航标,是指供船舶定位、导航或者用于其他目的的助航设施,包括视觉航标、无线电导航设施和音响航标。"该条例适用于军用航标和渔业航标,但其主管机关是军队的航标管理机构和渔政渔港监督管理机构。该条例第6条第2款提出了"专用航标"的概念:"专业单位可以自行设置自用的专用航标。专用航标的设置、拆除、位置移动和其他状况改变,应经航标管理机关同意。"第9条规定:"航标管理机关和专业单位分别负责各自设置的航标的维护保养,保证航标处于良好的使用状态。"

(3)《海区航标设置管理办法》,1996年12月25日交通部令1996年第12号颁布,1997年3月1日起实施。该办法将航标设置分成了第一类航标设置和第二类航标设置,并采用不同的审批程序要求:第一类航标设置是指灯塔和无线电导航台、无线电指向标、DGPS台等无线电航标的设置;第二类航标设置是指灯桩(包括导标)、立标、灯浮标、浮标、灯船、雾号、雷达信标灯航标的设置。该办法明确了交通部是全国海区航标设置管理的主管机关,并负责第一类航标设置的规划和审批工作;天津、上海、广州、海南水上安全监督局是海区航标管理机关,分别负责北海海区(指辽宁省、河北省、山东省及天津市沿海水域)、东海海区(指江苏省、浙江省、福建省及上海市沿海水域)、南海海区(指广东省及广西壮族自治区沿海水域)、海南海区第一类航标设置的审查和第二类航标设置的规划和审批工作。该办法也明确了航标管理机关根据航行需要可责令专业单位设置航标。

(4)《沿海航标管理办法》,2003年7月10日交通部令2003年第7号颁布,2003年9月1日起实施。该办法对专用航标的概念做了明确定义:专用航标是指在沿海专用航道、锚地和作业区以及相关陆域,为特定船舶提供助航、导航服务或者保护特定设施等而设置的航标。该办法将沿海航标管理活动进行了分类,包括航标规划、航标配布、航标维护、航标保护、专用航标、监督检查与处罚等6个方面;明确了交通部海事局负责主管全国沿海航标工作;明确了沿海航标管理机构参加港口、航道、桥梁及沿海其他建设工程及沿海航标设计方案的审查职责等。

(5)与航标有关的规范性文件还有《内河航标管理办法》《海区航标动态通报管理办法》《海区航标作业管理规则》《海区雷达应答器管理办法(试行)》《海区航标机器动力设备管理规则》《海区航标船舶配置标准及管理使用办法(试行)》《海区航标应急管理办法》《内河浮动设施技术规则》等。

(6)航标的技术标准。航标的技术标准分为国家标准和行业标准。国家标准由国家质量技术监督局发布实施,适用范围是全国,代号是GB;行业标准由行业主管部门发布实施,适用范围是行业内,航标的行业标准由交通运输部发布实施,代号是JT。根据技术标准的法律效力,技术标准分为强制性标准和推荐性标准。强制性标准是必须强制执行的标准,无代号标注;推荐性标准是推荐执行的标准,代号是T。

航标国家标准主要有《中国海区水上助航标志》(GB 4696—2016)、《内河助航标志》

（GB 5863—2022）、《航标术语》（GB/T 17765—2021）、《航标灯光信号颜色》（GB 12708—2020）等。

航标行业标准主要有《自动识别系统（AIS）航标应用导则》（JT/T 1193—2018）、《海区航标维护 固定建（构）筑物》（JT/T 731—2008）、《航标遥测遥控系统技术规范》（JT/T 788—2023）、《浮标锚链》（JT/T 100—2005）等。

二、海事测绘

（一）海事测绘的内容

海事测绘主要包括测量海道、制作海图、发行电子海图和纸质海图、改正通告以及发行其他航海图书资料等。

1. 测量海道

传统的海道测量，是为了保证航行安全而进行的水深测量和海岸地形测量，其目的是获取海底地貌、底质情况和航行障碍物等资料，为编绘航海图提供数据，以保证船舶航行安全。国际海道测量组织（International Hydrograhic Organization，IHO）对海道测量的定义为"以测定与水体相关的数据为主要目的的测量"。海道测量的主要观测数据有：水深、底质、潮流、潮汐以及满足测量和导航需要的沿岸地形要素和固定物标位置。我国三个航海保障中心的航道测量主要包括水文，港口航道图测量，新开港口、航道、锚地、码头等项目的通航尺度核定测量，并为辖区内需要检查测量的项目提供单波束、多波束、旁侧声呐等多种水上测量服务，测量深度基准面等，以及计算出辖区内与各地区理论最低潮面相关的水准资料，为辖区内需要理论最低潮面的水工项目提供深度基准面服务等。

2. 制作海图

制作海图主要是制作沿海港口航道纸海图及电子海图，各类港口码头航道工程图，制作各类航行示意图、专题图、港口图集、航路指南等。

3. 发行电子海图和纸质海图

电子海图（Electronic Navigational Chart，ENC）是以矢量格式表示的、描述海域地理信息和航海信息的数字化海图，使现代航海更安全、更高效。

根据国际海道测量组织规定，只有由各国官方海道测量机构生产并发行的、符合相关国际标准的电子海图才是官方电子海图。中国是国际海道测量组织的创建国之一。国际海道测量组织指定中国海事局作为官方电子海图生产机构的代码为"CN"。一般情况下，官方电子海图每周更新一次。更新内容包括所有最新的改正通告、改正内容和改版、新版电子海图。

目前，中国海事局严格按照国际海道测量组织颁布的《海道测量数据传输标准（S-57）》《电子海图生产指南（S-65）》《电子海图有效性检查推荐标准（S-58）》生产电子海图，并按照《数据保护方案（S-63）》进行加密发行。现已出版官方电子海图近 400 幅，覆盖全国沿海所有航路和港口航道。

中国海事局遵循《中华人民共和国测绘法》《公开地图内容表示若干规定》《中华人民共

和国地图编制出版管理条例》、《海道测量规范》(GB 12327—2022)、《中国航海图编绘规范》(GB 12320—2022)、《中国海图图式》(GB 12319—2022)等有关规范和标准,现已出版覆盖全国沿海所有航路和港口航道各种比例尺纸海图,成为航海支持保障系统的重要组成部分。

4. 改正通告

改正通告刊登中国沿海海区航行要素变化信息以及海上施工作业信息,主要用以改正中华人民共和国海事局出版的航海图书,并为广大航海用户提供有关航行安全的服务信息。信息主要来源于海事管理部门发布的航行通告、航行警告、航标动态以及海事测绘成果,航运、航道、海洋、港务、渔政等部门正式发布或提供的相关信息作为其补充来源。通告所刊登的信息内容包括航行公告、改正通告、临时通告三类。

5. 发行其他航海图书资料

我国航海保障中心的海图中心还对外出版发行有关具有一些水域特点的潮汐表、航行指南、港口航道图目录或一些港口图集等,如《马六甲海峡至亚丁湾航行指南》《北极航行指南(西北航道)》的编制,《环南海航海图集》《北极航海地图集》《东莞水域航行图集》《北江清远水域航行图集》、《中国沿海潮汐表(上海港、杭州湾)2022》《中国沿海港口航道图目录2021》《中国海区助航标志表(北方海区/东海海区/南海海区)2019—2020》等。

(二)国内外相关公约标准、法律法规

1. 国际标准

1968年国际海道测量组织制定了海道测量的最低标准S-44。于2020年发布的第六版S-44,规定了海洋测量的基本准则和最低标准。

2. 相关法律法规

与海事测绘相关的法律法规有《中华人民共和国测绘法》《中华人民共和国地图编制出版管理条例》《中华人民共和国测量标志保护条例》等。

3. 海道测量规范

我国国家市场监督管理总局和国家标准化管理委员会于2022年发布了《海道测量规范》(GB 12327—2022),2023年2月1日实施。其作为指导我国各种海道测量作业的国家标准,规范我国海道测量作业方法、指导作业流程、保证成果质量。

其他的还有《水深测量数据采集与处理系统技术要求》《沿海港口航道图改正通告编写规范》《中国海图图式》《中国航海图编绘规范》等。

三、水上安全通信

水上安全通信是指采用全球统一的通信业务和技术标准,在任何时间和任何海域实现船—岸、船—船间接收和发送水上遇险报警,组织与航运安全有关的各类通信业务。其目的是保障水上交通安全,提升水上交通效率,保护水域环境。

水上安全通信是水上活动过程中的重要组成部分,船舶避碰、船岸沟通及遇险报警等环节均需保持良好的通信,水上安全通信的职责包括水上遇险与安全通信;海岸电台、水上

无线电通信系统的建设、运行与维护；航行警告、航行通过、气象预报等其他安全信息的播发等。

涉及水上安全通信的法规和规章主要有：《中华人民共和国电信条例》《中华人民共和国无线电管制规定》《中华人民共和国无线电管理条例》《中华人民共和国海上航行警告和航行通告管理制度》《船舶遇险紧急通信处置细则》《关于甚高频（VHF）第 16 频道使用规定的通知》等。

四、航海保障中心

根据国家海洋发展战略和行政管理制度改革的总体要求，交通运输部于 2012 年组建成北海、东海、南海 3 个航海保障中心，分别委托天津海事局、上海海事局、广东海事局管理，三个航海保障中心主要承担中国沿海及相关区域航标建设养护。2018 年 7 月 1 日起，三个航海保障中心由交通运输部海事局直接管理。

交通运输部北海航海保障中心（简称"北海航海保障中心"）成立于 2012 年 12 月，是我国交通运输部直属副局级事业单位，纳入中国海事局管理范围。下设大连、营口、秦皇岛、天津、烟台、青岛 6 个航标处，大连、营口、秦皇岛、天津、烟台、青岛、哈尔滨 7 个通信中心以及天津海事测绘中心、天津航测科技中心等 15 个所属机构。

北海航海保障中心主要承担北起鸭绿江口、南至山东岚山 5 967 千米海岸线的渤海及黄海北部海域和黑龙江主航道水域的海事航标建设养护、沿海港口航道测量绘图、水上安全通信以及航海保障应急处置等技术支持与服务保障职责，辖区范围纵跨辽宁、河北、天津、山东、黑龙江等四省一市。

交通运输部东海航海保障中心（简称东海航海保障中心）于 2012 年 10 月 15 日正式成立。东海航海保障中心整合了原上海海事局所属航标、测绘及通信等机构，为交通运输部直属事业单位，副局级建制，下设 14 个直属机构（其中航标处 6 个，分别位于连云港、上海、宁波、温州、福州、厦门；通信中心 6 个，分别位于连云港、上海、杭州、宁波、福州和厦门；海事测绘中心和海图中心各 1 个，均位于上海），均为正处级建制。

东海航海保障中心主要承担辖区（北起江苏连云港南至福建东山的南黄海和东海海域，包括浏河口以下长江口水域）海事航标建设养护、港口航道测量绘图、水上安全通信、海上应急清污，以及南京以下的长江水域水上安全通信等技术支持和服务保障职责。

交通运输部南海航海保障中心（简称南海航海保障中心）成立于 2012 年 10 月，为交通运输部直属单位，纳入交通运输部海事局管理范围。

南海航海保障中心在广东、广西、海南三省（区）设置 14 个正处级单位，分别为：汕头、广州、湛江、北海、海口、西沙、南沙 7 个航标处，汕头、深圳、广州、湛江、南宁、海口 6 个通信中心及广州海事测绘中心。

南海航海保障中心主要承担辖区范围内海事航标建设养护、港口航道测量绘图、水上安全通信等技术支持和服务保障职责。辖区范围为：东界线自广东、福建两省分界线沿东经117°14′经度线向正南延伸至北纬 23°30′，再沿北纬 23°30′向正东延伸；南界线至中国南海曾母暗沙；西界线至中越边境线；北界线至广州流溪河白坭河大桥。

第十三章　危险货物运输与船舶防污染管理

一、我国船舶载运危险货物与船舶防污染管理概况

我国海事危险货物运输与船舶防污染(简称危防)业务管理工作范围分为两大类:船舶载运危险货物的安全监督管理和船舶污染的防治。

我国海事危防业务管理工作开展得比较早,为保证危险货物运输安全和保护环境,我国政府逐步建立和完善了对危险货物水路运输的管理体制及有关规章。一方面,积极加入有关国际公约及规则,航行我国水域的外籍船舶、国际航线船舶、港澳航线船舶主要按照国际公约进行管理;另一方面,根据有关国际规定,结合本国国情,制定相关法律、法规,对航行我国水域的本国船舶进行管理。

海事行政主管部门统一管理船舶运输安全和防治船舶污染工作,主要措施包括:

(1)船舶操作性安全事故控制:实施危险货物船舶进出港申报审批制度,对船舶实施安全检查和港口国检查。

(2)对载运危险货物船舶实施动态监控,运用各种手段,维护船舶通航秩序:巡航监察,现场维护船舶航行秩序;利用水上交通管理系统对重点船舶实施跟踪监控,提供安全信息服务;利用海上船位报告系统,实施对船舶的航行动态管理,保障船舶航行安全;对进出敏感区域,载运高毒性、强污染、易燃、易爆化学品的船舶实施安全护航措施。

(3)建立安全管理体系:载运危险化学品船舶的船公司,应当按规定建立、实施和保持安全管理体系;船舶应当遵守有关海上交通安全法律、法规的规定,加强安全管理,谨慎操作,防止发生因碰撞、触礁、搁浅、火灾或者爆炸等引起的海难事故造成海洋环境的污染。

(4)建立应急反应体系:为应付船舶突发性污染事故而建立应急反应系统,以便在最短的时间内,以最快的速度、最有效的措施控制和减少船舶安全事故所造成的损失;制订国家、区域、港口和船舶等不同层次的溢油应急预案/计划,在部分地区设立溢油应急设备库,配备相当数量的反应设施、设备和器材。

二、危防相关法规体系

(一)国际公约、指南和规则概述

涉及海上危险货物运输和船舶防污染的公约、指南和规则主要包括:

1.《1954年国际防止海上油污公约》(OILPOL 1954)

第二次世界大战以后,由于航运的原因,石油污染海洋的范围大大增加,在联合国及其专门机构的努力下拟定国际协议的活动得以开展。1954年4月26日,在伦敦召开了国际防止海上油污染会议,会议制定并通过第一个国际防止海上石油污染的文件《1954年国际防止海上油污公约》。该公约于1958年7月26日生效。该公约的重点是在油船日常操作产生的污染防止方面,对防止海洋油污染起到了积极作用,获得了世界各国的普遍认可,也标志着人类在防止海洋石油污染方面迈出了具有决定意义的一步。

2.《联合国危险货物运输建议书》

根据运输的需要,1954年联合国经济和社会理事会成立了"危险货物运输专家委员会",经过一段时间的工作,该理事会在1956年提出了第一份工作报告,即《联合国危险货物运输建议书》。该建议书在1957年经社理事会的第二十三次会议上获得通过。因其封面颜色是橙色,俗称"橙皮书"。

该建议书在国际上极具权威性,涉及各种运输方式和各类运输工具包装危险货物的运输。其中的许多规定被国际上各种运输形式的专业组织、协会以及各国采用或参考,作为制定各种运输工具危险货物运输管理法规或规章的基础。国际海事组织制定的《国际海运危险货物规则》就是以该建议书作为依据,而且两者内容有越来越贴近的趋势。

3.《1960年国际海上人命安全公约》第Ⅶ章

1960年在政府间海事协商组织内举行了修改《1948年海上人命安全条约》的协商会议,产生了《1960年国际海上人命安全公约》,其中涉及危险货物运输的要求是以独立的第Ⅶ章提出的。该章适用于500总吨及以上的从事国际航线运输的船舶。该公约于1965年5月26日生效。1974年,国际海事组织又一次对公约进行了大幅度的修改。1974年SOLAS公约扩大了第Ⅶ章的适用范围,包括了500总吨以下的国际航线的船舶。

1974年SOLAS公约在之后又经过多次修订。现行的SOLAS公约第Ⅶ章包含4个部分:

A部分——包装危险货物和散装固体危险品的装运;

B部分——散装运输液体危险化学品船舶的构造和设备;

C部分——散装运输液化气船舶的构造和设备;

D部分——船舶安全载运放射性核燃料、钚和高辐射水平的放射性废弃物国际规则。

此外,《国际散装化学品船舶结构和设备规则》(International Code for the Construction and Equipment of Ships Carrying Dangerous Chemicals in Bulk,IBC Code)、《国际散装液化气船舶结构和设备规则》(International Code for the Construction and Equipment of Ships Carrying Liquefied Gases in Bulk,IGC Code)、《国际船舶安全载运放射性核燃料、钚和高辐射水平的

放射性废弃物规则》(International Code for the Safe Carriage of Packaged Irradiated Nuclear Fuel, Plutonium and High-level Radioactive Wastes on Board Ships, INF Code)分别成为 1974 年 SOLAS 公约第Ⅶ章下 B、C 和 D 部分的强制性规则。

4.《经 1978 年议定书修订的 1973 年防止船舶造成污染公约》(MARPOL 73/78)

20 世纪 60 年代起,世界石油运输大幅度增加,油船数量增加,其尺寸也越来越大,加上海上散装化学品(有别于石油)运输量也在增长,许多国家担心海洋受污染的威胁也在增加。尽管 OILPOL 1954 已做了一些修改,但仍不能适应实际需要,公约应彻底修订。而正式被提上议事日程则是在 1969 年国际海事组织大会通过 A. 176(Ⅵ)号决议时。这个决议决定尽早召开一次国际会议以通过全新的防污染公约取代 OILPOL 1954。1967 年发生在英吉利海峡的"托利·卡尼翁号"严重油污染事故也在一定程度上推进了新公约的制定。经过几年的准备,国际秘书处提出了新公约的框架。最终在 1973 年 10 月国际海事组织召开了外交大会,并于 11 月 2 日正式通过了《1973 年国际防止船舶造成污染公约》(含议定书Ⅰ、Ⅱ,附则Ⅰ~Ⅴ),但公约一直未生效。1978 年 2 月 17 日,国际海事组织通过了《关于 1973 年国际防止船舶造成污染公约的 1978 年议定书》(MARPOL 73/78),议定书有两个:Ⅰ.关于涉及有害物质事故报告的规定议定书;Ⅱ.仲裁。

1997 年 9 月 15 日至 26 日召开的 MARPOL 73/78 缔约方大会通过了 MARPOL 73/78 的 1997 年议定书,全称为《经 1978 年议定书修订的 1973 年国际防止船舶造成污染公约的 1997 年议定书》,并新增附则Ⅵ。

以下为六个附则的简单介绍:

附则Ⅰ——防止油污染规则,生效日期是 1983 年 10 月 2 日,我国于 1983 年 7 月 1 日加入,对我国生效日期是 1983 年 10 月 2 日。附则Ⅱ——控制散装有毒液体物质污染规则,生效日期为 1987 年 4 月 6 日,我国于 1983 年 7 月 1 日加入,对我国生效日期是 1987 年 4 月 6 日;附则Ⅲ——防止海运包装有害物质污染规则,生效日期为 1992 年 7 月 1 日,我国于 1994 年 9 月 13 日加入,对我国生效日期是 1994 年 12 月 13 日;附则Ⅳ——防止船舶生活污水污染规则,生效日期是 2003 年 9 月 27 日,我国于 2006 年 11 月 2 日加入,对我国生效日期是 2007 年 2 月 2 日;附则Ⅴ——防止船舶垃圾污染规则,生效日期是 1988 年 12 月 31 日,我国于 1988 年 11 月 21 日加入,对我国生效日期是 1989 年 2 月 21 日;附则Ⅵ——防止船舶造成大气污染规则,生效日期是 2005 年 5 月 19 日,我国于 2006 年 5 月 23 日加入,对我国生效日期是 2006 年 8 月 23 日。

5.《1969 年国际干预公海油污事故公约》(CSI 1969)和《1973 年国际干预公海非油类物质污染议定书》

该公约于 1969 年 11 月 29 日在布鲁塞尔通过,1975 年 5 月 6 日生效,我国 1990 年 2 月 23 日加入,1990 年 5 月 24 日对我国生效。1973 年 11 月 2 日通过了该公约的议定书,即《1973 年国际干预公海非油类物质污染议定书》,该议定书于 1983 年 3 月 30 日生效,我国于 1990 年 2 月 23 日加入,1990 年 5 月 24 日对我国生效。

6.《1969 年国际油污损害民事责任公约》和《〈1969 年国际油污损害民事责任公约〉的 1976 年议定书》(CLC 1969)

《1969 年国际油污损害民事责任公约》于 1969 年 11 月 10 日至 11 月 29 日在布鲁塞尔

召开的海上污染国际法律会议上通过,1975 年 6 月 19 日生效。我国于 1980 年 1 月 30 日加入该公约。本公约于 1982 年 4 月 29 日对我国生效。《〈1969 年国际油污损害民事责任公约〉的 1976 年议定书》于 1976 年 11 月 19 日签署,1981 年 4 月 8 日生效,我国于 1986 年 9 月 27 日加入,1986 年 12 月 28 日对我国生效。

7.《修正〈1969 年国际油污损害民事责任公约〉的 1992 年议定书》(CLC 1992)

该议定书于 1992 年 11 月 27 日在伦敦签署,于 1996 年 5 月 30 日生效。我国于 1999 年 1 月 5 日加入,2000 年 1 月 5 日对我国生效。

8.《1971 年设立国际油污损害赔偿基金公约》(FUND 1971)

该公约于 1971 年 11 月 18 日在布鲁塞尔签署,1978 年 10 月 16 日生效。《〈1971 年设立国际油污损害赔偿基金公约〉的 1976 年议定书》于 1976 年 11 月 19 日通过;《〈1971 年设立国际油污损害赔偿基金公约〉的 1984 年议定书》于 1984 年 4 月 30 日至 5 月 25 日国际海事组织在伦敦召开的外交会议上通过,这两个议定书一直没有生效。而我国未加入该公约。

9.《修正〈1971 年设立国际油污损害赔偿基金公约〉的 1992 年议定书》

该公约于 1992 年 11 月 27 日在伦敦签署,于 1996 年 5 月 30 日生效,我国加入该公约,但仅适用于中国香港特别行政区。2000 年 10 月国际海事组织法律委员会第八十二届会议通过了《〈1992 年国际油污损害赔偿基金公约〉的议定书》的修正案,并于 2003 年 11 月 1 日生效。2000 年议定书也仅适用于中国香港特别行政区。

10.《1972 年防止倾倒废物和其他物质污染海洋公约》(LDC 1972)

根据 1972 年 6 月 5 日至 16 日在斯德哥尔摩召开的联合国人类环境会议 86 号建议案,英国政府于 1972 年 10 月 30 日至 11 月 13 日在伦敦召开了关于海上倾废公约的政府间会议。会议通过了《1972 年防止倾倒废物和其他物质污染海洋公约》,该公约于 1975 年 8 月 30 日生效。我国于 1985 年 11 月 14 日加入,1985 年 12 月 15 日对我国生效。该公约有多个修正案:《1978 年关于争议解决程序的修正案》,尚未生效;《1978 年关于防止和控制焚烧废物和其他物质污染的修正案》,1979 年 3 月 11 日生效,我国于 1985 年 11 月 14 日加入,1985 年 12 月 15 日对我国生效;《1980 年关于公约物质名单的修正案》,1981 年 3 月 11 日生效(日本除外);在《〈防止倾倒废物及其他物质污染海洋的公约〉1996 年议定书》于 1996 年 11 月 7 日在《防止倾倒废物及其他物质污染海洋的公约》缔约国会议上通过,并于 2006 年 3 月 24 日生效。我国于 2006 年 6 月 29 日批准该议定书,但该议定书不适用于中国澳门特别行政区。

11.《1990 年国际油污防备、反应和合作公约》(OPRC 1990)

国际海事组织于 1990 年 11 月 19 日至 30 日在伦敦召开了外交大会,有 93 个国家和 17 个国际组织代表或观察员出席了会议,中国香港地区也派员列席。会议通过了《1990 年国际油污防备、反应和合作公约》。11 月 30 日,包括中国在内的 81 个国家签署了公约的最终议定书。虽然受本国政府授权签署公约的有 15 个国家,但都声明"有待批准"。至 1992 年年底,只有美国、瑞典、塞舌尔、埃及和澳大利亚正式加入该公约。公约的生效条件是 15

个国家加入,没有船舶总吨位约束条件。该公约于 1995 年 5 月 13 日生效,我国于 1998 年 3 月 30 日加入,1998 年 6 月 30 日对我国生效。

12.《2000 年有害和有毒物质污染事故防备、反应和合作议定书》(OPRC-HNS 2000)

该议定书于 2000 年 3 月 15 日召开的国际海事组织外交大会上正式通过。2006 年 6 月 14 日随着葡萄牙作为第 15 个国家的批准被接收,已达到其生效条件,该议定书于 2007 年 6 月 14 日正式生效。我国于 2009 年 11 月 19 日向国际海事组织递交了加入 OPRC-HNS 2000 议定书的申请,该议定书于 2010 年 2 月 19 日对我国生效。

13.《1996 年国际海运有害有毒物质污染损害赔偿责任公约》(HNS)

1996 年 4 月 5 日至 5 月 3 日,国际海事组织在其总部召开国际会议,审议通过了《1996 年国际海运有害有毒物质污染损害赔偿责任公约》。该公约尚未生效。

14.《2001 年燃油损害民事责任公约》

该公约 2001 年 3 月 23 日于伦敦签署,2008 年 11 月 21 日生效,我国于 2008 年 12 月 9 日递交申请,根据交通运输部国际合作司公告 2009 年第 1 号,该公约于 2009 年 3 月 9 日对我国生效。

15.《控制船舶有害防污底系统国际公约》(AFS)

国际海事组织于 2001 年 10 月正式通过了《控制船舶有害防污底系统国际公约》,并于 2008 年 9 月 17 日生效。我国于 2011 年 3 月 3 日加入,2011 年 6 月 7 日对我国生效。同时,该公约适用于中国澳门特别行政区;在另行通知之前,本公约不适用于中国香港特别行政区。

16.《2004 年国际船舶压载水和沉积物控制和管理公约》

国际海事组织在 2004 年 2 月召开的外交大会上通过了该公约,公约的生效条件为:本公约在合计不少于世界商船总吨位 35% 的至少 30 个国家批准之后的 12 个月后生效。该公约于 2017 年 9 月 8 日正式生效。

17.《国际海运危险货物规则》(IMDG 规则)

为了制定船舶运输危险货物的国际规则,在制定 1960 年 SOLAS 公约的同时,成员方就请求政府间海事协商组织负责进行研究,以便制定一个统一的国际海上危险货物运输规则。为了响应这一建议,海上安全委员会(MSC)指派了在海上运输危险货物方面具有丰富经验的国家组建工作组。该小组在 1961 年 5 月召开了第一次会议,起草了《统一的国际海上危险货物运输规则》。最初的草案是每个国家的代表团各自编制的,然后由工作组对这些草案进行详细的审查,经过 10 次会议的修订和讨论,该规则草案于 1965 年第四次海事协商大会上通过,这就是著名的《国际海运危险货物规则》(International Maritime Dangerous Goods Code)的第一版。

我国从 1982 年 10 月 2 日起正式在国际航线和涉外港口管理中使用 IMDG 规则。

从 2004 年 1 月 1 日起 IMDG 规则中的主要部分成为 SOLAS 下的强制性规则。目前该规则已经有 40 个修正案,第 40 个修正案于 2022 年 1 月强制实施。

18.《国际油船和油码头安全指南》(ISGOTT)

《国际油船和油码头安全指南》(International Safety Guide for Oil Tankers & Terminals)最早由政府间海事协商组织于 1972 年制定。之后经过多次修改,当前该指南出版至第六版。该指南针对散装油类船舶在油区装、卸货油及其他作业提出有关安全措施的建议。

19.《国际海运固体散装货物规则》(IMSBC 规则)

该规则的前身是《固体散装货物安全操作规则》(BC 规则)。2008 年 12 月 8 日,海上安全委员会第八十五次会议通过 MSC.268(85)号决议,通过了具有强制性的 IMSBC。2011 年 1 月 1 日,IMSBC 规则强制生效。

(二)国内法规及管理要求

(1)《海上交通安全法》第五章涉及危险货物运输,第 62 条规定:"船舶载运危险货物,应当持有有效的危险货物适装证书,并根据危险货物的特性和应急措施的要求,编制危险货物应急处置预案,配备相应的消防、应急设备和器材。"第 63 条规定:"托运人托运危险货物,应当将其正式名称、危险性质以及应当采取的防护措施通知承运人,并按照有关法律、行政法规、规章以及强制性标准和技术规范的要求妥善包装,设置明显的危险品标志和标签。托运人不得在托运的普通货物中夹带危险货物或者将危险货物谎报为普通货物托运。托运人托运的货物为《国际海运危险货物运输规则》和国家危险货物品名表上未列明但具有危险特性的货物的,托运人还应当提交有关专业机构出具的表明该货物危险特性以及应当采取的防护措施等情况的文件。货物危险特性的判断标准由国家海事管理机构制定并公布。"《内河条例》第 4 章"危险货物监管"明确规定了内河船舶载运危险货物的具体要求。

(2)《危险化学品安全管理条例》于 2002 年 1 月 26 日发布,经过了 2011 年、2013 年两次修订,是一部针对危险化学品管理的综合性的行政法规,具体规定了我国境内生产、经营、储存、运输、使用危险化学品和处置废弃危险化学品等要求。托运人托运危险化学品应当向承运人说明运输的危险化学品的品名、数量、危害、应急措施等情况。运输、装卸危险化学品应当依照有关法律、法规、规章的规定和国家标准的要求并按照危险化学品的危险特性,采取必要的安全防护措施等。

(3)《防治船舶污染海洋环境管理条例》自 2010 年 3 月 1 日起施行。2018 年 3 月 19 日,《国务院关于修改和废止部分行政法规的规定》对其进行了第六次修订。该条例为防治船舶及其有关作业活动污染海洋环境,依据《海洋环境保护法》制定。该条例分总则、防治船舶及其有关作业活动污染海洋环境的一般规定、船舶污染物的排放和接收、船舶有关作业活动的污染防治、船舶污染事故应急处置、船舶污染事故调查处理、船舶污染事故损害赔偿、法律责任、附则,共 9 章 76 条。

(4)《中华人民共和国海洋倾废管理条例》于 1985 年 3 月 6 日经国务院颁布,1985 年 4 月 1 日开始实施。为了严格控制向海洋倾倒废弃物,防止对海洋环境的污染损害,保持生态平衡,保护海洋资源,促进海洋事业的发展而制定了该条例。现行版本为根据 2017 年 3 月 21 日发布的《国务院关于修改和废止部分行政法规的决定》修订后的版本。

三、船舶危防管理职责

(一)主要职能

危防工作是海事管理业务中重要的组成部分,主管机关依据有关国际公约和国内法律法规的规定,主要行使以下几个方面的职能:

(1)负责防治船舶污染的监督管理工作;

(2)负责船舶载运危险货物及其他货物的安全监督管理工作;

(3)负责集装箱安全运输监管和危险品集装箱查验管理工作;

(4)负责水上加油站、加气站安全监督管理工作;

(5)监督管理船舶溢油(化学品)污染应急体系建设工作;

(6)参与船舶污染事故的调查处理工作;

(7)承担船舶油污损害赔偿基金委员会秘书处的相关工作。

(二)主要管理项目

(1)船舶进行散装液体危险货物水上过驳作业审批;

(2)船舶所有人、经营人或者管理人防治船舶有关作业活动污染海洋环境应急预案审批;

(3)危险化学品水路运输人员(申报人员、集装箱现场检查员)资格认可;

(4)船舶油污损害民事责任保险证书或者财务保证证书核发;

(5)船舶载运危险货物和污染危害性货物进出港口审批。

第十四章　海上搜寻与救助

第一节　概　述

人类有海上活动时就有海上救助,在接收到求救信息或发现遇险人员后对其救助是人类善良本性所驱动的自发行为。随着航运的发展,海上救助逐渐成为习惯做法和行业规范,并出现了专门从事海上救助的岸基组织。在近代国际公约产生之后,海上救助,特别是海上人命救助,成为各国海事部门和船长的一项法定义务;海上救助体系也逐渐发展成为海上安全保障体系的组成部分。

一、有关海上救助的国际公约

1.《1910 年统一关于海上救助打捞若干规则的国际公约》(也称《1910 年布鲁塞尔救助公约》)

该公约规定了海上救助人与被救助人的权利、义务和海上救助应遵循的基本原则。其中"无效果、无报酬"和"无偿救助人命"两项重要原则为各国所接受,如第 11 条"应当施与的救助"中规定:"对于在海上发现的遭遇生命危险的每个人,即使是敌人,只要对船舶、船员和旅客不致造成严重危险,每位船长都必须施救","船舶所有人对于违反前项规定的事项,不承担责任"。

该公约已被《1989 年国际救助公约》取代。

(二)1958 年日内瓦公海公约

该公约中有关于海上救助的条款,第 12 条"海上救助"规定:每个国家应责成悬挂该国国旗船舶的船长,在不严重危及其船舶、船员或旅客安全的情况下:

(1)救助在海上发现的任何有生命危险的人;

(2)如果获悉有遇难者需要救助,在可以合理地期待其采取救助行动时,尽从速前往救助;

（3）在碰撞后，对他船及其船员和旅客进行救助，并在可能情况下，将自己船舶的名称、船籍港和将停靠的最近港口通知他船。

为保障有关海上和上空的安全，每个沿海国应建立和维持适当和有效的搜寻和救助服务，并在需要时，通过相互的地区性安排与邻国合作。

（三）1974 年国际海上人命安全公约

1974 年 SOLAS 公约在救助方面有较为详细的说明，第 V 章"航行安全"第 7 条（搜寻与救助服务）规定：

（1）各缔约方政府承担义务，确保为其负责区域内的遇险通信和相互协调并为营救其海岸附近的海上遇险者做出必要的安排。这些安排，考虑到海上交通的密度和航行障碍物的密度，应包括视为实际可行和必要的搜救设施的建立、运转和维护，并应尽可能提供足够的寻找和营救遇险人员的设备。

（2）各缔约方政府承担义务，向本组织提供其现有搜救设施的资料以及对其中内容所做的更改方案（如有）。

（3）客船，应备有在紧急情况下与相应的搜寻和救助机构合作的计划。该计划应包括要进行定期演习以证明该计划有效性的规定。

1974 年 SOLAS 公约还敦促各缔约方政府考虑有关的国际决议和建议，包括《1979 年国际海上搜寻和救助公约》《搜救飞机的自导能力》《雷达应答器用于搜寻和救助》《搜救自导能力》《国际航空海上搜寻和救助手册》。

（四）《1979 年海上搜寻与救助国际公约》及其 1998 年、2004 年修正案

该公约由 8 个法律条款和 1 个附则组成，公约规定引用公约的同时也就引用了附则，附则是技术性条款。公约的主要目的是通过制订国际搜救计划促进各国政府之间以及参与海上搜救活动者之间的合作，该条约于 1985 年 6 月 22 日生效。

该公约鼓励各缔约方政府与其邻国签订搜救协定，建立搜救区，合作使用设备，建立共同的搜救程序并进行培训和互访；还要求各缔约方采取措施，便利其他缔约方救助设备快速进入其领水。

该公约将海洋划分为若干地区性搜救区域，在每个搜救区域内各国商定每个国家所负责的搜救区域，形成了全球性的搜救网络。

1998 年的修正案使政府的责任更加明确，修正后的公约还规定了如何安排搜救服务以及如何发展国家救助能力。此外，公约还要求缔约方建立全天候工作的救助协调中心，工作人员须经过培训，并能够使用英语工作。

2004 年修正案新增了关于遇险人员的定义，关于协助船长转移遇险人员的内容，关于救助协调中心启动识别遇险人员最佳登陆地的程序。

我国是该公约的缔约国。

（五）联合国海洋法公约

《联合国海洋法公约》很多内容沿用了《1958 年公海公约》的规定，如第 98 条"救助的义务"的规定与《1958 年公海公约》第 12 条"海上救助"的规定是一样的。

该公约主要协调各国在海洋事务方面的利益,其条款都是原则性的规定。

我国是《联合国海洋法公约》的缔约国。

(六)《1989 年国际救助公约》

该公约是在《1910 年布鲁塞尔救助公约》的基础上,参照《1981 年救助公约草案》制定而成的,目的是修改原公约对救助作业的规定,以便更好地保护海洋环境和鼓励救助人对遇险油船及其他海上财产进行救助。

与《1910 年布鲁塞尔救助公约》相比,该公约对船舶、财产的概念和公约的适用范围等做出了较大的改动,对救助遇难船舶的报酬做出了新的规定,对防止水域污染的花费给予补偿,其中最引人注目的就是特别补偿条款。这个公约取代了《1910 年布鲁塞尔救助公约》,较 1980 年劳氏救助合约规定的救助报酬有所提高;承认了救助者在防止油污染方面所做的努力,从法律上维护了环境保护者的利益。

1993 年 12 月 29 日,经第八届全国人大第五次会议批准,我国正式加入《1989 年国际救助公约》。在我国加入公约前,我国《海商法》有关海难救助的规定基本上是参照该公约的规定制定的。

(七)《国际航空与海上搜救手册》(IAMSAR Manual)

为配合《1979 年海上搜救国际公约》的修正及全球海上遇险及安全系统的全面实施,国际民航组织与国际海事组织联合组成的工作小组共同拟定了《国际航空与海上搜救手册》,并于 1996 年 10 月完成草本提交国际海事组织的无线电通信及搜救分委员会。同年 11 月 25 日,无线电通信及搜救分委员会以 A.894(21)号决议案将《商船搜救手册》及《国际海事组织搜救手册》废止,以《国际航空与海上搜救手册》取而代之,并要求各船舶必须配备该手册的第三卷。该手册制定的主旨是对各有关国家建立和改进搜寻救助体系,提供快速、高效的搜寻救助服务,开展搜寻救助方面的国际合作提供指导。

二、海上搜救系统的组成

海上搜寻与救助(Search and Rescue at Sea,SAR)由海上搜寻与海上救助两部分组成,由于海上搜寻与救助行动往往是连续进行的,通常将这两项行动一并称为海上搜救。

根据《国际航空与海上搜救手册》,海上搜救系统至少应由以下几部分组成:

(1)搜救责任区域内的救助协调中心(Rescue Coordination Centre,RCC),必要的话,一个或多个在本搜救区内支持救助协调中心的救助分中心(Rescue Sub-Centre,RSC)。

RCC 是在一个搜救责任区域内负责促进有效组织搜寻救助服务和协调执行搜寻救助行动的单位。RSC 是根据主管当局的特别规定建立的,隶属于一个救助协调中心并作为其补充的单位。

RCC 或 RSC 应配备负责人、值班人员,以及搜救任务协调员(SAR Mission Coordinator, SMC)等。其中,SMC 是负责指导搜救行动的人,每一次具体的搜救行动应指定一个 SMC,对于复杂或历时较长的任务,SMC 通常应有一个辅助小组协助。

(2)海上搜救力量,包括拥有专门设备和专业人员的搜寻救助单元(Search and Rescue Unit,SRU),也包括可以执行搜寻救助行动的其他资源。搜寻救助单元是由受过培训的人员组成并配备有适合迅速执行搜寻救助行动的设施的单位。

(3)现场协调人(On-Scene Coordinator, OSC)。必要时需要指定一个现场协调人,协调所有现场参与搜寻救助活动的设施。现场协调人是被指定在某规定区域内进行协调搜救行动的人员。

(4)通信,包括搜救区内的通信和与外部搜救服务之间的通信。

(5)支持设施,为支持搜救行动提供服务。

三、海上搜救力量

海上搜救力量是所有能够参与到海上搜救行动的组织、人员、设施、装备等的统称。从搜救力量的组成和专业性来看,海上搜救力量分为指定搜救单元、专业搜救单元、其他搜救单元三类。

(1)指定搜救单元是指由政府以协议、合同、计划等方式明确指定的,纳入本地搜救系统的海上搜救力量(我国称之为搜救成员单位)。该单元主要来源是政府各主管部门和企业提供的各种工作设施和人员,这些设施和人员平时为各自的行业服务,需要时,搜救协调中心临时召集这些力量展开搜救行动。指定搜救单元通常包括交通、气象、海洋、农林、警察、安全、卫生、军事等部门,以及打捞、海运、民航、渔业、石油勘探等行业。

(2)专业搜救单元是指经过特殊训练、配备专用设备、应付特定搜寻救助任务的队伍,如海岸警卫队、专业海上救助单位(如我国的救助局、打捞局、救助飞行队)、消防部门以及其他应急救援单位。

(3)其他搜救单元包括过往商船、渔船、游艇、志愿者组织、民间团体等。这些搜救资源是海上救助力量的重要组成部分,有效利用这些资源,可以减少对指定搜救单元或专业搜救单元的需求,并提高海上搜救的成功率。

第二节　我国的海上搜救

一、有关搜救的法规

我国目前尚没有专门针对海上救助的法律,但在一些法规中有涉及海上搜救的规定,如:

(一)海上交通安全法

《海上交通安全法》中涉及搜救的内容有第六章"海上搜寻救助",规定:"船舶、海上设施、航空器及人员在海上遇险的,应当立即报告海上搜救中心,不得瞒报、谎报海上险情。发生碰撞事故的船舶、海上设施,应当互通名称、国籍和登记港,在不严重危及自身安全的情况下尽力救助对方人员,不得擅自离开事故现场水域或者逃逸。遇险的船舶、海上设施及其所有人、经营人或者管理人应当采取有效措施防止、减少生命财产损失和海洋环境污染。船舶、海上设施、航空器收到求救信号或者发现有人遭遇生命危险的,在不严重危及自身安全的情况下,应当尽力救助遇险人员。"

《海上交通安全法》还规定:"海上搜救中心接到险情报告后,应当立即进行核实,及时组织、协调、指挥政府有关部门、专业搜救队伍、社会有关单位等各方力量参加搜救,并指定现场指挥。参加搜救的船舶、海上设施、航空器及人员应当服从现场指挥,及时报告搜救动态和搜救结果。搜救行动的中止、恢复、终止决定由海上搜救中心作出。未经海上搜救中心同意,参加搜救的船舶、海上设施、航空器及人员不得擅自退出搜救行动。"

《海上交通安全法》确立了我国海上搜救的基本原则,明确了中国海上搜救中心和有关地方人民政府设立的海上搜救中心或者指定的机构负责海上搜救的组织、协调、指挥工作。

（二）内河条例

《内河条例》中关于水上搜救的内容在第七章"救助"中,主要有以下规定:

"船舶、浮动设施遇险,应当采取一切有效措施进行自救。船舶、浮动设施发生碰撞等事故,任何一方应当在不危及自身安全的情况下,积极救助遇险的他方,不得逃逸。

"船舶、浮动设施遇险,必须迅速将遇险的时间、地点、遇险状况、遇险原因、救助要求,向遇险地海事管理机构以及船舶、浮动设施所有人、经营人报告。船员、浮动设施上的工作人员或者其他人员发现其他船舶、浮动设施遇险,或者收到求救信号后,必须尽力救助遇险人员,并将有关情况及时向遇险地海事管理机构报告。

"海事管理机构收到船舶、浮动设施遇险求救信号或者报告后,必须立即组织力量救助遇险人员,同时向遇险地县级以上地方人民政府和上级海事管理机构报告。遇险地县级以上地方人民政府收到海事管理机构的报告后,应当对救助工作进行领导和协调,动员各方力量积极参与救助。船舶、浮动设施遇险时,有关部门和人员必须积极协助海事管理机构做好救助工作。遇险现场和附近的船舶、人员,必须服从海事管理机构的统一调度和指挥。"

此外,我国还制定了《国家突发公共事件总体应急预案》《国家海上搜救应急预案》等文件。

二、我国的海上搜救组织

当前,我国的海上搜救组织体系如图14-1所示。

国家海上搜救部际联席会议是我国海上搜救工作的领导机构。中国海上搜救中心负责国家海上搜救部际联席会议的日常工作,以及海上搜救的运行管理工作。中国海上搜救中心和省、市海上搜救中心是国家及各级地方政府建立的海上搜救指挥机构;省、市海上搜救中心接受中国海上搜救中心的业务领导。搜救力量包括专业搜救力量和社会搜救力量。

（一）搜救工作领导机构

国家海上搜救部际联席会议是我国海上搜救工作的领导机构,其主要职责是:

（1）在国务院的领导下,统筹研究全国海上搜救和船舶污染的应急反应工作,提出有关政策建议;

（2）讨论解决海上搜救和船舶污染处理中的重大问题;

（3）组织协调重大海上搜救和船舶污染应急反应行动,指导监督有关省、自治区、直辖市海上搜救应急反应工作;

```
┌─────────────────────────────┐
│      国家海上搜救部际联席会议      │
└─────────────────────────────┘
    ┌───────────────────────────────┐
    │  ┌─────────────────────────┐  │
    │  │  交通运输部、中国海上搜救中心  │  │
    │  └─────────────────────────┘  │
    │  ┌──────────┐   ┌──────────┐  │
    │  │  搜救专家组  │   │  技术咨询机构 │  │
    │  └──────────┘   └──────────┘  │
    └───────────────────────────────┘
    ┌───────────────────────────────┐
    │  ┌─────────────────────────┐  │
    │  │       省级海上搜救中心       │  │
    │  └─────────────────────────┘  │
    │  ┌─────────────────────────┐  │
    │  │       海上搜救分支机构       │  │
    │  └─────────────────────────┘  │
    └───────────────────────────────┘
    ┌───────────────────────────────┐
    │      ┌──────────────┐         │
    │      │   海上搜救力量   │         │
    │      └──────────────┘         │
    │  ┌────┐ ┌────┐ ┌────┐ ┌────┐ │
    │  │政府 │ │军队 │ │政府 │ │其他 │ │
    │  │专业 │ │武警 │ │公务 │ │社会 │ │
    │  │力量 │ │力量 │ │力量 │ │力量 │ │
    │  └────┘ └────┘ └────┘ └────┘ │
    └───────────────────────────────┘
```

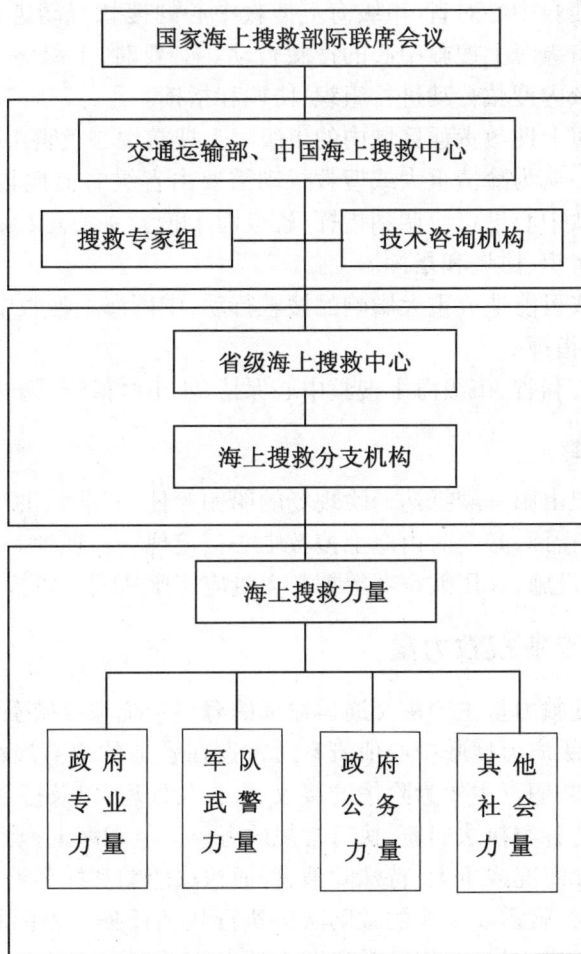

图 14-1　我国海上搜救组织体系示意图

(4)研究确定联席会议成员单位在搜救活动中的职责。

联席会议成员单位由交通运输部、公安部、农业农村部、卫生健康委、海关总署、应急管理部、中国气象局、自然资源部、海军、空军、武警部队等部门组成,交通运输部为牵头单位。交通运输部部长担任联席会议召集人,各成员单位有关负责同志为联席会议成员。

部际联席会议成员单位根据各自职责,结合海上搜救应急反应行动实际情况,发挥相应作用,承担海上搜救应急反应、抢险救灾、支持保障、善后处理等应急工作。

(二)搜救运行管理机构

中国海上搜救中心作为国家海上搜救部际联席会议的办事机构,负责联席会议的日常工作,以及全国海上搜救工作的统一组织、协调、指挥和搜救情况的掌握与上报。该中心设在交通运输部,日常工作由中国海上搜救中心总值班室承担。

(三)搜救指挥机构

我国海上搜救指挥机构分为三级,即中国海上搜救中心、省级海上搜救中心和市级海上搜救中心。中国海上搜救中心对省、市级海上搜救中心的搜救行动进行业务指导。省级海上搜救中心具体领导市级海上搜救中心的搜救行动。必要时,上级海上搜救中心可直接对下级海上搜救责任区域内搜救行动进行组织、协调和指挥。

海上搜救行动由海上搜救责任区域内的市级海上搜救中心负责组织、协调和指挥。

市级海上搜救中心认为险情重大或搜救行动需要由省级海上搜救中心进行指挥时,应及时报请省级海上搜救中心进行协调和指挥;省级海上搜救中心可以根据险情等级指定市级海上搜救中心进行组织、协调和指挥。

对于重特大险情或可能造成重大影响的搜救行动,中国海上搜救中心认为必要时,可以直接进行组织、协调和指挥。

中国海上搜救中心和省、市级海上搜救中心保持 24 小时值守,随时应对海上紧急情况。

(四)搜救现场指挥

搜救现场指挥一般由第一艘抵达遇险现场的船舶担任,专业救助船舶(如海事巡航船)抵达后,由其负责现场指挥,必要时由海上搜救中心指定现场指挥者。

搜救现场的船舶、设施、民用航空器等搜救力量应当服从现场指挥的组织、协调和指挥。

三、我国的海上专业搜救力量

我国的海上专业搜救力量主要由交通运输部的海事系统和救捞系统组成。

由于我国各省、市级海上搜救中心值班室通常设在各地的部直属海事部门及其下属单位,海事系统承担的搜救职责主要为险情的接收、报告与处理,以及搜寻阶段的组织、协调和指挥。海事系统配备有各类执法船艇,执行常规的海事巡航和海上搜救等综合执法任务。

当遭遇恶劣天气和海况或重大、特殊险情,普通执法船舶和社会搜救力量无法前往事故现场或无法进行救助时,就需要专业的救助队伍执行救助任务。中国救捞系统是我国唯一的国家海上专业救助打捞力量,承担着对我国水域发生的海上事故的应急反应、人命救助、船舶和财产救助、沉船沉物打捞、海上消防、清除溢油污染及其他对海上运输和海上资源开发提供安全保障等多项使命;同时,代表中国政府履行有关国际公约和海运双边协定的义务。

交通运输部救助打捞局(对外称中国救捞)下设北海救助局、东海救助局、南海救助局、烟台打捞局、上海打捞局、广州打捞局;北海第一救助飞行队、东海第一救助飞行队、东海第二救助飞行队、南海第一救助飞行队、南海第二救助飞行队;拥有 19 个沿海救助基地,7 个航空救助基地;各救助基地下设若干救助站;沿海设置专业救助船舶待命点。

第十五章 海事调查

第一节 概 述

发生海上事故后,与事故有关的各部门通常都会对事故进行调查,如海事主管机构、法院、船公司、保险公司、媒体等,不同部门的调查目的各不相同,有的调查是为了查明事故的原因进而采取措施避免类似事故继续发生;有的调查则是为了追究相关人员的责任;有的调查是为了提高安全管理水平;有的调查是为了将事故的真相公之于众。实践中,不同的国家其海事调查的体制也不尽相同。

一、国际公约中有关海事调查义务的规定

(1)《联合国海洋法公约》第 94 条(船旗国的义务)第 7 款规定:"每一国家对于涉及悬挂该国旗帜的船舶在公海上因海难事故或航行事故对另一国国民造成死亡或严重伤害,或对另一国的船舶或设施或海洋环境造成损害的每一事件,都应由适当的合格人士一人或数人或在有这种人士在场的情况下进行调查。对于该另一国就任何这种海难或航行事故进行的任何调查,船旗国应与该另一国合作。"

该公约规定了船旗国主管机关负有海事调查以及与另一船旗国合作进行海事调查的义务,但没有明确调查的目的。

(2)《1974 年国际海上人命安全公约》附则第 Ⅰ 章 C 部分(事故)第 21 条规定:"(a)各主管机关承担义务对其受本公约规定约束的任何船舶所发生的任何事故,在其认为调查有助于确定本公约规则可能需要进行何种修改时,即应进行调查。(b)各缔约方政府承担义务将有关此项调查所获得的相关资料提供给本组织。本组织根据该资料所做的报告或建议,均不得泄露有关船舶的标识或国籍,或以任何方式确定或暗示任何船舶或个人承担的责任。"

该公约除了规定主管机关承担海事调查的义务外,还强调了海事调查的目的是改进公

约,亦即促进海上安全。

(3)《1973 年国际防止船舶造成污染公约》第 12 条(船舶事故)规定:"①各主管机关承担义务对其受规则的规定约束的任何船舶所发生的任何事故进行调查,如果这种事故对海上环境造成了重大的有害影响。②各缔约方承担义务向本组织提供关于这种调查结果的资料,如其认为这种资料可能有助于确定本公约可能需要进行何种修改。"

与 1974 年 SOLAS 公约一样,MARPOL 公约规定的海事调查的目的也是改进公约,提高船舶防污染管理水平。

(4)《2006 年海事劳工公约》规则 5.1.6(海上事故)规定:"①各成员方应对涉及悬挂其旗帜的船舶导致人员伤亡的任何严重海上事故开展官方调查。该调查的最终报告通常应予公布。②成员方应相互合作,以便利本规则第一款所述严重海上事故的调查。"

该公约规定了海事调查的义务,强调调查报告的公开性,但没有明确海事调查的目的。

二、国际海事组织有关海事调查的规定

(1)国际海事组织 A.322(Ⅸ)号决议(1975 年 11 月 12 日):海事调查行动(The Conduct of Investigation into Casualties)。

该决议提请各缔约方政府注意《1974 年国际海上人命安全公约》和《1966 年国际载重线公约》中关于进行海事调查的义务,敦促各缔约国政府向国际海事组织提交有关海事调查的结论和所吸取的教训的资料。该决议要求国际海事组织海上安全委员会定期检查各国提交的事故调查报告并推荐必要的行动,还要求海上安全委员会与秘书处商讨是否列出重点事故的清单,并要求有关政府机关提交有关海事调查的资料。

(2)国际海事组织 A.442(Ⅸ)号决议(1979 年 11 月 5 日):政府机关对海事和违反公约事件进行调查的人力和物力需要(Personnel and Material Resource Need of Administration for the Investigation of Casualties and Contraventions of Conventions)。

该决议认为,每一政府机关有充分的人力和物力以全面进行海事或违反公约事件的调查,是保证各国际公约有效实施的重要因素,故要求各国政府采取一切必要的措施以保证政府机关有充分的手段和适当资格的人员以及物力,使其能在发生海事或违反海上安全和保护海洋环境的公约时充分实施国际规定。

(3)国际海事组织 A.849(20)号决议(1997 年 11 月 27 日):《海事调查规则》(Code for the Investigation of Marine Casualties and Incidents)。

《海事调查规则》是国际海事组织第一个系统地规定海事调查的规则。规则第 4 条(定义)给出了海事调查的定义:海事调查是指为防止事故而进行的公开或不公开的一个调查程序,包括收集分析资料、定出结论、核实事故的情况、查明事故的原因和促成因素,如合适,提出安全建议。规则第 5 条(海事调查的实施)规定了在进行海事调查时,应全面公正地查明事故情况和原因,为迅速进行调查,各国政府应赋予海事调查员一定的权力,同时也邀请有关利益国家共同参与调查。规则第 6 条(海事调查的责任)规定船旗国应对所有涉及本国船舶的事故和发生在本国领海内的事故进行调查。规则还规定了进行海事调查的主导国在调查结束后,应写出调查报告,提出安全建议,将调查报告公开发表并提交国际海事组织。国际海事组织 A.884(21)号决议(2000 年 2 月 4 日)为该规则的修正案,提供了对人为因素

调查的导则,进一步充实了该规则的内容。

(4)《海上事故发生后公平对待海员指南》(Guidelines on Fair Treatment of Seafarers in the Event of A Maritime Accident)。

值得一提的是,国际海事组织认识到在调查时对海员给予特别保护的必要性,于 2005 年 12 月,以 A.987(24)号决议通过了《海上事故发生后公平对待海员指南》,于 2006 年 7 月 1 日由国际海事组织和国际劳工组织共同发布。

(5)国际海事组织 MSC.255.(84)号决议(2008 年 5 月 16 日)号决议:通过《海上事故或事件安全调查国际标准及推荐做法规则》(Code of The International Standards and Recommended Practices For A Safety Investigation into A Marine Casualty or Marine Incident)。

2008 年 5 月 7 日至 16 日,国际海事组织海上安全委员会第八十四次会议在伦敦召开,通过了《海上事故或事件安全调查国际标准及推荐做法规则》(简称《事故调查规则》),同时批准将《事故调查规则》纳入 SOLAS 公约新增的第Ⅺ-1/6 条中实施,因此,该规则成为强制性规定,于 2010 年 1 月 1 日生效。

三、《事故调查规则》简介

《事故调查规则》分三部分,分别是第Ⅰ部分总则、第Ⅱ部分强制性标准和第Ⅲ部分建议做法。其中第Ⅰ部分和第Ⅱ部分是强制性标准,第Ⅲ部分为建议做法。

(一)第Ⅰ部分——总则

该部分共 3 章,包括制定规则的目的(第 1 章),有关的定义(第 2 章),以及第Ⅱ部分、第Ⅲ部分的适用范围(第 3 章)。

第 1 章——目的,表明了制定该规则"旨在提供一个通用的方法供各国在对海上事故和海上事件进行海上安全调查时采用。海上安全调查不为划分过失或确定责任"。

本规则所定义的海上安全调查是为了防止将来的海上事故和海上事件而进行的调查。海上安全调查应分离于并独立于任何其他形式的调查。但是,本规则的目的并非排除任何其他形式的调查,包括为民事、刑事和行政诉讼进行的调查。另外,本规则的意图并不是让进行海上安全调查的国家因发现会指出过失或责任而不完全报告海上事故或海上事件的起因。

本规则认识到,按照国际海事组织的公约文件,每个船旗国如据其判断调查会有助于确定现行规定中有哪些需要修改,或如果事故产生了对环境的有害影响,均有责任对其任何船舶发生的任何事故进行调查。

第 2 章——定义,明确了规则中涉及的定义,其中几个重要的定义如下:

海上事故系指与船舶营运直接相关,并导致以下任何后果的一个情况或一系列情况:(1)人员死亡或重伤;(2)船上人员失踪;(3)船舶全损、推定全损或弃船;(4)船舶实质性损害;(5)船舶触礁、搁浅或丧失航行能力,或船舶碰撞;(6)船舶外部的基础构造实质性受损,导致有可能危及本船、他船或人员的安全;(7)船舶受损造成严重环境污染或潜在的严重环境污染。海上事故不包括意在对船舶、人员的安全或环境造成损害的故意或放任行为。

海上事件系指除海上事故外,与船舶营运直接有关的或者处置不当将会危及船舶、船上人员或任何其他人员或者环境安全的情况或一系列情况。海上事件不包括意在对船舶、人员的安全或环境造成损害的故意或放任行为。

海上安全调查系指以防止将来的海上事故或海上事件为目的而进行的对海上事故或海上事件的调查或质询（不论一个国家对其称谓如何）。调查包括对证据的收集和分析，确定引发因素和提出必要的安全建议。

海上安全调查报告系指包含下列内容的报告：（1）海上事故或海上事件的基本事实概述，即说明是否导致任何死亡、受伤或污染；（2）安全管理证书所列明的船旗国、船东、经营人、公司及船级社情况（遵守任何国家关于隐私的法律的情况下）；（3）相关的任何有关船舶的尺度和引擎细节，以及船员的陈述、工作程序和其他事宜，例如船上工作时间等；（4）海上事故或海上事件的情况的详细陈述；（5）对引发因素的分析和评论，包括任何机械因素、人为因素和组织因素；（6）对海上安全调查结果的讨论，包括确认安全问题及海上安全调查的结论；（7）适用时，旨在防止将来海上事故和海上事件的建议。

非常严重海上事故系指涉及船舶全损或人员死亡或严重环境损害的海上事故。

（二）第Ⅱ部分——强制性标准

该部分包括规则的第4~14章，几个重要的强制性标准如下：

海事调查机构（第4章）：各国政府须向国际海事组织提供其国内执行海上安全调查的机构的详细联络信息。

非常严重海上事故调查要求（第6章）：对每一非常严重海上事故均须进行海上安全调查。

调查的权利（第8章）：各国均须确保其国内法做出规定，使进行海上安全调查的调查员能够登船，询问船长、船员及任何其他有关人员，以及为海上安全调查获取证据资料。

平行调查（第9章）：当海上安全调查国按照本规则进行海上安全调查时，其他有重大利益的国家单独进行其自己的海上安全调查的权利不受妨碍。

调查不受外部指示（第11章）：海上安全调查国应确保进行海上安全调查的调查员是公正而客观的。海上安全调查应能够在不受可能受调查结果影响的任何人或组织的指示或干扰下报告海上安全调查的结果。

从海员获取证据（第12章）：所有被要求提供证据的海员均须被告知海上安全调查的性质和根据。另外，被要求提供证据的海员须被告知并获准得到有关下列各项的法律建议：（1）海上安全调查之后的任何诉讼中令自己负罪的任何潜在风险；（2）任何不使自己负罪的权利或保持沉默的权利；（3）如向海上安全调查提交证据，为避免该证据被用于对抗自身而向该海员提供的任何保护。

海员的人权须始终得到保护。

（三）第Ⅲ部分——建议做法

该部分包括第15~26章，明确了各缔约方政府海事安全调查的责任，确立安全调查应遵循"独立调查、不予追责、多方合作、优先取证、公开透明、全面调查"的基本原则。该部分为以下各事项提供了推荐做法：海上事故和海上意外的事故调查（除重点海上事故外）、寻求协议时应考虑的因素、非法干涉的行为、通知有关方和开始调查、协调调查、收集证据、信息保密、保护证人和有关方、报告草案和最后报告、重开调查。

第二节 我国的海事调查

一、我国海事调查的发展历程

我国的海事调查工作起步较晚。交通部于 1952 年 3 月制定并颁布了《海事处理委员会暂行章程》(以下简称《章程》),同年 5 月颁布了《海事处理暂行办法》。根据《章程》,各地组建海事处理委员会主管船舶海事处理。各级港务监督根据规定对一般性海事进行调查、调解及处理,并办理收取海事报告、海事签证等日常事务工作,对于较重大和有争议的海事提交海事处理委员会,由委员会进行分析研究、做出结论和海事仲裁等。1959 年 9 月,交通部制定并颁布《海损事故调查处理规则》《中华人民共和国交通部关于海损赔偿的几项规定》,于同年 10 月 15 日实施。交通部于 1960 年 7 月 21 日制定并颁布了《中华人民共和国交通部关于外国籍船舶海损事故调查处理的补充规定》。

20 世纪 70 年代初,海事案件数量逐年增加。为加强管理工作,交通部陆续制定和颁布海事监管规定。1971 年 12 月 15 日,交通部制定并颁布了《海损事故调查和处理规则(试行)》,于 1972 年 1 月 1 日起实施。1975 年 1 月 17 日交通部颁布《共同海损理算暂行规则》。

中华人民共和国成立至《海上交通安全法》实施前,我国将海事调查、海事纠纷裁决统一归化到港务监督工作范围,1959 年和 1971 年我国两次颁布的《海损事故调查处理规则》中都明确了港务监督在调查处理海事中具有"裁定权",港务监督在海损事故调查的基础上可以联系有关当事人进行协商与调解,或根据调查的结果做出处理结论。

随着改革开放的深入,海事调查工作不断加强。1983 年全国人大颁布《海上交通安全法》,于 1984 年 1 月 1 日起实施。该法使海事调查工作发生重大变革。《海上交通安全法》明确规定,港务监督是海事调查处理的主管部门,对受理的海事界定为海上交通事故;在海事调查处理中的职责是"查明原因,判明责任"。此后,各地海事法院相继成立,海上交通事故引发的民事纠纷解决途径趋于多样化。因海上交通事故引起的民事纠纷可以由主管机关调节处理,不愿调解处理或调解不成的,当事人可以向海事法院起诉;涉外案件的当事人,还可以根据书面协议提交仲裁机构仲裁。

此后,港务监督在海事监管工作中侧重于查明事实以改进航政监督管理,必要时对事故责任者做出行政处理决定,其工作重点已不在解决由海事引起的民事纠纷上。1990 年 3 月 3 日,与《海上交通安全法》相配套的《海上交通事故调查处理条例》颁布实施,港务监督的海事调查工作有了具体的法律依据。同年 6 月 16 日,交通部以第 16 号令发布了《船舶交通事故统计规则》,海事调查、统计工作进入了新的阶段。

1998 年,我国海事管理机构进行了重大改革,交通部港监局和船检局合并成立交通部海事局。到 2000 年年底,部各直属海事局及其分支机构相继成立。在事故调查、统计方面,主管部门统一了海上交通事故和内河交通事故,将其统称为"水上交通事故"。水上交通事故调查的职责归属海事局及其分支机构。

随着海上交通、内河交通运输事业的快速发展，水上交通安全管理出现了一些新情况和新问题，水上交通安全法规也进行了相应的修改。2002年8月28日，交通部以第5号令发布《水上交通事故统计办法》于10月1日起施行，同时宣布1990年《船舶交通事故统计规则》废止。2014年交通运输部又重新修订了《水上交通事故统计办法》，其已于2015年1月1日起实施。通过多年的实际调查和法制建设，我国对水上交通事故的调查工作已经逐步走向正规化、专业化和国际化。

2005年年底，交通部出台了《海事调查官管理规定(试行)》，意味着海事系统从2006年7月1日起全面实行海事调查官制度。海事调查官的资质认定也随即开始，各海事机构从事海事调查的公职人员实行持证上岗制度。2009年1月1日起，《海事调查官管理规定》正式实施，我国海事调查进入了一个更为系统化、规范化、法制化的发展阶段。

2021年4月29日，第十三届全国人民代表大会常务委员会第二十八次会议修订通过《海上交通安全法》，自2021年9月1日起施行。与《海上交通安全法》修订相配套，交通运输部修改《水上交通事故统计办法》并于2021年9月1日公布施行。通过多年的调查实践和法制建设，我国海事调查进入正规化、专业化和国际化阶段。

二、我国海事调查的相关法规

(一)海上交通安全法

《海上交通安全法》第七章"海上交通事故调查处理"共包括8条，对海上交通事故报告和接受事故调查的义务、事故等级和划分标准、事故调查主体、事故调查基本原则和主要任务、海事管理机构调查处理权限和义务、事故调查期限、事故责任认定书、简易调查程序和事故调查报告公开、境外事故的调查、海事声明签注等内容做出了规定。

(二)海上交通事故调查处理条例(1990年3月3日交通部令第14号，自发布之日起实施)

该条例第一章(总则)第1条明确是"为了加强海上交通安全管理，及时调查处理海上交通事故，根据《中华人民共和国海上交通安全法》的有关规定，制定本条例"；明确了中华人民共和国港务监督机构(现为海事机构)是本条例的实施机关；其适用范围为船舶、设施在中华人民共和国沿海水域内发生的海上交通事故；以渔业为主的渔港水域内发生的海上交通事故和沿海水域内渔业船舶之间、军用船舶之间发生的海上交通事故的调查处理，国家法律、行政法规另有专门规定的，从其规定。

该条例规定船舶和设施报告海事的义务，规定船舶、设施发生海上交通事故，必须立即用其甚高频电话、无线电报或其他有效手段向就近港口的港务监督报告。报告的内容应当包括：船舶或设施的名称、呼号、国籍、起讫港，船舶或设施的所有人或经营人名称，事故发生的时间、地点、海况以及船舶、设施的损害程度、救助要求等。

海事部门在接到事故报告后，应及时进行调查。调查应客观、全面，不受事故当事人提供材料的限制。根据调查工作的需要，港务监督有权：(1)询问有关人员；(2)要求被调查人员提供书面材料和证明；(3)要求有关当事人提供航海日志、轮机日志、车钟记录、报务日志、航向记录、海图、船舶资料、航行设备仪器的性能以及其他必要的原始文书资料;(4)检查船舶、设施及有关的设备证书、人员证书和核实事故发生前船舶的适航状态、设施的技术状态;(5)检查船舶、设施及其货物的损害情况和人员伤亡情况;(6)勘查事故现场,搜集有关物证。港务监督在调查中,可以使用录音、照相、录像等设备,并可采取法律允许的其他调查手段。

该条例要求海事部门应当根据对海上交通事故的调查,做出《海上交通事故调查报告书》,查明事故发生的原因,判明当事人的责任;构成重大事故的,通报当地检察机关。对船舶、设施发生海上交通事故引进的民事侵权赔偿纠纷,当事人可以申请港务监督调解。调解必须遵循自愿、公平的原则,不得强迫。

(三)《生产安全事故报告和调查处理条例》(国务院令第 493 号,自 2007 年 6 月 1 日起施行)

制定该条例的目的是"为了规范生产安全事故的报告和调查处理,落实生产安全事故责任追究制度,防止和减少生产安全事故。根据《中华人民共和国安全生产法》和有关法律,制定本条例"。生产经营活动中发生的造成人身伤亡或者直接经济损失的生产安全事故的报告和调查处理,适用本条例;环境污染事故、核设施事故、国防科研生产事故的报告和调查处理不适用本条例。

该条例根据生产安全事故造成的人员伤亡或者直接经济损失,将事故分为特别重大事故、重大事故、较大事故、一般事故四个等级;要求事故调查处理应当坚持实事求是、尊重科学的原则,及时、准确地查清事故经过、事故原因和事故损失,查明事故性质,认定事故责任,总结事故教训,提出整改措施,并对事故责任者依法追究责任。

该条例规定了特别重大事故由国务院或者国务院授权有关部门组织事故调查组进行调查。重大事故、较大事故、一般事故分别由事故发生地省级人民政府、设区的市级人民政府、县级人民政府负责调查。省级人民政府、设区的市级人民政府、县级人民政府可以直接组织事故调查组进行调查,也可以授权或者委托有关部门组织事故调查组进行调查。未造成人员伤亡的一般事故,县级人民政府也可以委托事故发生单位组织事故调查组进行调查。

(四)《海事调查官管理规定》(海安全〔2008〕666 号,2009 年 1 月 1 日起实施)

海事调查官是具体承办水上交通事故调查处理工作的国家公职人员,此前曾被称为"水上交通事故调查员"。我国的海事调查官分为高级海事调查官、中级海事调查官和助理海事调查官三级,每一级分为涉外和非涉外两种。

助理海事调查官任职资格为:(1)持有海事行政执法证;(2)具有海事相关专业大专以上文化程度;(3)参加海事工作 3 年以上,从事水上交通事故调查处理工作 1 年以上;(4)经助理海事调查官适任培训、考试合格;(5)经年度考核、注册有效。中级海事调查官要参加海事工作 8 年以上,具有助理海事调查官资格 5 年以上;或从事水上交通事故调查处理工作及船上高级船员资历累计 10 年以上;或从事水上交通事故调查工作累计 10 年以上;经中级海事调查官适任培训、考试合格。高级海事调查官要参加海事工作 10 年以上,具有中级海事调查官资格 5 年以上;或从事水上交通事故调查处理工作及船上高级船员资历累计 15 年以上;或从事水上交通事故调查处理工作累计 15 年以上。涉外海事调查官需具有英语四级以上或相当水平，或具有其他外国语的相当水平。

高级海事调查官可以组织或主持所有等级的水上交通事故的调查工作；中级海事调查官可以组织或主持大事故及以下等级水上交通事故的调查工作；助理海事调查官可以组织或主持小事故等级的水上交通事故的调查工作。持有海事调查官证的人员可以参加各等级事故的调查组工作。

该规定还明确了海事调查官培训、考试与发证，事故调查组工作，海事调查官考核与注册等内容。

根据以上法规，我国的海事调查是将海事安全调查、行政处罚调查和海事行政处理工作联系在一起，由交通运输部海事局负责执行。这与国际海事组织规定的海事调查强调查明原因而不追究责任的技术性调查有所不同。实践中，许多国家和我国的海事调查体制类似。我国海事调查的最终目的是加强海上交通安全管理，保障海上安全，这与国际海事组织所定义的海事调查的目的是一致的。

三、海上安全调查制度

国际海事组织的《事故调查规则》被纳入了 SOLAS 公约，已于 2010 年 1 月 1 日起实施。该规则规定了海上安全调查是"为了防止将来的海上事故和海上事件而进行的调查；海上安全调查应分离于并独立于任何其他形式的调查"。作为代表中国政府履行国际公约义务的中国海事局，随之调整了我国的海事调查制度，于 2010 年 2 月 2 日发布了《中华人民共和国海事局关于执行 IMO 事故调查规则的通知》（海安全〔2010〕51 号），规定了：

（1）海上安全调查机关和部门：中国海事局是执行《事故调查规则》的海上安全调查当局，内设专职海上安全调查部门（海事局安全管理处）履行《事故调查规则》所要求的事故调查职责。

（2）海上安全调查官：中国海事局选拔并任命合格的海上安全调查官从事海上安全调查工作。海上安全调查官分三个等级：首席调查官、主任调查官和副主任调查官。主任调查官和副主任调查官具有以下一个或多个技术类别：航行和避碰规则、海洋污染原因、船旗国适任证书、面谈技术、证据收集和评估人为因素。

（3）海上安全调查范围：中国籍国际航行船舶在任何水域、外国籍船舶在中国管辖水域发生的达到《事故调查规则》第 2.22 节规定的"非常严重"等级的事故要进行海上安全调查；其他可供航运界广泛吸取教训的事故视情况进行海上安全调查。

（4）海上安全调查与水上交通事故调查的关系：按有关法律、法规对水上交通事故开展的行政调查统称为"水上交通事故调查"；按《事故调查规则》进行的调查统称为"海上安全调查"。海上安全调查不排除、不干涉、不代替水上交通事故调查，两者属于平行调查，海上安全调查可以调取水上交通事故调查证据；海上安全调查的任何信息不向行政、刑事、民事调查或审判机关或部门提供。

参考文献

[1] 郑中义. 船舶与船员管理[M]. 3 版. 大连:大连海事大学出版社,2021.

[2] 中国船级社. 钢质海船入级规范[M]. 北京:人民交通出版社,2023.

[3] 司玉琢. 海商法详论[M]. 大连:大连海事大学出版社,1995.

[4] 吴兆麟,朱军. 海上交通工程[M]. 大连:大连海事大学出版社,2006.

[5] 杨立新. 航标[M]. 大连:大连海事大学出版社,2016.

[6] 朱玉柱. 海上搜救与救助[M]. 2 版. 大连:大连海事大学出版社,2023.

[7] 付玉慧. 水上交通事故调查处理[M]. 北京:人民交通出版社,2023.